La Vénus d'Ille

PROSPER MÉRIMÉE

Notes et questionnaires
Dominique FLEUR-SCHULTHESS,
agrégée de Lettres modernes, professeur en collège,
et
Claudine ZENOU-GRINSTEIN,
agrégée de Lettres classiques, professeur en collège

Dossier Bibliocollège
Claudine GROSSIR,
maître de conférences

Sommaire

❶ L'auteur

▶ L'essentiel sur l'auteur 4

▶ Biographie 5

❷ *La Vénus d'Ille* (texte intégral)

▶ Page 10 10

Questionnaire : La page de titre 11

▶ Pages 15 à 19 15

Questionnaire : L'*incipit* 20

▶ Pages 25 à 33 25

Questionnaire : Un archéologue parisien en province 34

▶ Pages 37 à 39 37

Questionnaire : La découverte de la statue 41

▶ Pages 45 à 50 45

Questionnaire : Une discussion entre savants 51

▶ Pages 55 à 58 55

Questionnaire : La veille des noces 60

▶ Pages 64 à 66 64

Questionnaire : La partie de jeu de paume 67

▶ Pages 70 à 75 70

Questionnaire : Les noces 76

ISBN : 978-2-01-394964-4

© HACHETTE LIVRE, 2017, 58 rue Jean Bleuzen, CS 70007, 92178 Vanves Cedex.
www.hachette-education.com

Tous droits de traduction, de reproduction et d'adaptation réservés pour tous pays.

▶ Pages 79 à 87 79
  Questionnaire : Le meurtre d'Ille 88
▶ Retour sur l'œuvre 91

❸ Dossier Bibliocollège

▶ L'essentiel sur l'œuvre 98
▶ Structure de l'œuvre 99
▶ Le XIXᵉ siècle, siècle de révolutions 101
▶ Genre : La nouvelle fantastique 105
▶ Groupement de textes : Réalité ou fiction ? 109
▶ Lecture d'images et histoire des Arts 119
▶ Et par ailleurs… 121

Dossier pédagogique téléchargeable gratuitement sur :
www.biblio-hachette.com

L'essentiel sur l'auteur

Auteur dramatique, nouvelliste et traducteur, Prosper Mérimée s'est toujours voulu indépendant du courant romantique comme du mouvement réaliste.

Nommé inspecteur général des Monuments historiques en 1834, il nourrit sa nouvelle *La Vénus d'Ille* (publiée en 1837) de ses connaissances archéologiques.

PROSPER MÉRIMÉE (1803-1870)

Ami du romancier **Stendhal**, du poète **Alfred de Musset**, du peintre **Eugène Delacroix**, Prosper Mérimée fréquente aussi le salon de **Victor Hugo**, chef de file du romantisme.

D'abord très lié aux **milieux libéraux**, hostiles à la monarchie, Prosper Mérimée devient ensuite un familier de la **cour impériale** de Napoléon III.

Biographie

PROSPER MÉRIMÉE
est un auteur du début du XIXe siècle
qui a mené avec succès une double carrière
d'inspecteur général des Monuments
historiques et d'écrivain.

Prosper Mérimée naît à Paris, le 28 septembre 1803. Son père, Léonor Mérimée, est peintre et secrétaire de l'École des beaux-arts. Sa mère, plus jeune de vingt ans, est une descendante de Marie Leprince de Beaumont, l'auteur de *La Belle et la Bête*. Après ses études secondaires, Prosper Mérimée suit des cours à la faculté de droit, mais ses goûts l'orientent rapidement vers la littérature.

Identité :
Prosper Mérimée

Naissance :
28 septembre 1803, à Paris

Décès :
23 septembre 1870 (à presque 67 ans), à Paris

Genres pratiqués :
nouvelle, essai, théâtre, roman, poésie

▶ Le goût pour l'histoire

Fréquentant régulièrement les cercles politiques libéraux, hostiles au régime monarchique en place, Mérimée devient, dès sa création en 1824, l'un des nombreux rédacteurs de leur journal, *Le Globe*, dont les colonnes accueillent des historiens comme Adolphe Thiers ou François Guizot, qui communiquent leur passion au tout jeune écrivain.

▶ Mérimée s'essaie à différents genres

En 1825, Mérimée suscite la curiosité en publiant une première œuvre dont il prétend n'être que le

---

Le Théâtre de Clara Gazul

Ce recueil de pièces en prose témoigne du goût de Mérimée pour la mystification, l'ironie et la liberté critique. En effet, l'œuvre n'est pas publiée sous son nom, mais sous celui d'une comédienne espagnole fictive, Clara Gazul, ce qui lui permet aussi d'échapper aux feux de la censure.

Prosper Mérimée travesti en femme. Pour mieux tromper les lecteurs, ce portrait de Clara Gazul figurait en introduction du recueil.

▶ UNE AMITIÉ DURABLE MAIS...

L'écrivain Stendhal, avec qui Mérimée entretient une amitié forte mais orageuse, le décrivit d'abord comme un « *pauvre jeune homme laid aux petits yeux méchants, à l'allure effrontée et déplaisante* » !

▶ LES SOURCES D'INSPIRATION DE *LA VÉNUS D'ILLE*

L'histoire de *La Vénus d'Ille* est inspirée à la fois d'une ancienne légende et des voyages de Mérimée dans les Pyrénées au cours de l'été 1834.

traducteur et l'éditeur : *Le Théâtre de Clara Gazul*. Il s'agit d'un pamphlet contre la politique en Espagne, où les libéraux tentaient de s'emparer du pouvoir.

Vient ensuite un recueil de poèmes, *La Guzla* (1827), également publié sous un faux nom.

Ce n'est que dans les œuvres suivantes – *La Jacquerie* (scènes historiques parues en 1828), son unique roman *Chronique du règne de Charles IX* (1829) ou l'une de ses premières nouvelles, *Le Vase étrusque* (1830) – que l'inspiration historique, et – déjà – archéologique, domine. Avec cette dernière œuvre, Mérimée a trouvé le genre littéraire qui lui convient, dans sa précision et sa brièveté.

▶ Une double carrière d'inspecteur général des Monuments historiques très actif...

La révolution de 1830 porte les libéraux au pouvoir. Partageant leurs idées, Prosper Mérimée exerce divers emplois dans les ministères durant les premières années de la monarchie de Juillet, avant d'être nommé, en 1834, inspecteur général des Monuments historiques, poste qu'il occupe jusqu'à la révolution de 1848.

Prenant ses fonctions très au sérieux, Prosper Mérimée entame une série de tournées dans différentes régions de France : dans le Midi dès 1834, dans l'Ouest en 1836, en Auvergne en 1837 et en Corse en 1839. Il y recense les œuvres d'art et les monuments dignes d'être conservés et restaurés, et acquiert ainsi peu à peu de solides connaissances archéologiques.

▶ ... et de nouvelliste réputé

Parallèlement à ces fonctions, Prosper Mérimée continue à consacrer une partie de son temps à l'écriture de récits de fiction. Ses nouvelles se nourrissent souvent de ses voyages.

Colomba, écrite en 1840, fait suite à son voyage en Corse, au cours duquel Mérimée a recueilli le récit de la bouche d'une vieille femme.

Carmen, publiée en 1845, mélange également plusieurs sources issues des deux voyages de l'auteur en Espagne, en 1830 et en 1840 : un récit de la comtesse de Montijo, mère de la future impératrice des Français, Eugénie ; des souvenirs d'échanges avec ses guides lors de la traversée de l'Andalousie ; et ses propres observations.

▶ **La reconnaissance officielle**

D'abord élu à l'Académie des inscriptions et belles lettres en 1843, Mérimée l'est l'année suivante à l'Académie française où il est reçu en février 1845, en même temps que le critique Sainte-Beuve.

Ces honneurs, qui récompensent sa carrière littéraire, s'ajoutent aux distinctions qui lui sont remises par les différents régimes politiques sous lesquels il assure des fonctions administratives : nommé, dès 1831, chevalier de la Légion d'honneur par le roi Louis-Philippe, Mérimée devient sénateur en 1853, ce qui officialise ses relations étroites avec la cour de Napoléon III. Lors de son premier voyage en Espagne, il a, en effet, connu celle qui deviendra l'épouse de l'empereur, Eugénie de Montijo, alors qu'elle n'était encore qu'une enfant.

▶ **Littérature d'imagination et traduction**

Après la révolution de 1848, qui a mis fin à ses fonctions d'inspecteur général des Monuments historiques, Prosper Mérimée n'écrit plus beaucoup de nouvelles : *La Chambre bleue* (1866) et *Lokis* (1869) ne seront publiées qu'après sa mort.

▶ **LA PUBLICATION EN REVUES**

Les premières nouvelles de Mérimée – *Mateo Falcone*, *Tamango* (1829) ; *Le Vase étrusque*, *La Partie de trictrac* (1830) – ont paru dans *La Revue de Paris*. À partir de 1834, *La Revue des Deux Mondes* accueille ses œuvres, que ce soit ses *Notes de voyage* ou ses nouvelles : *La Vénus d'Ille* (1837), *Les Âmes du Purgatoire* (1841), *Colomba* (1841), *Carmen* (1845).

▶ **UNE AIDE MALHEUREUSE**

En 1852, Mérimée fait quinze jours de prison pour avoir défendu à tort le comte Guillaume Libri, inspecteur général des Bibliothèques, reconnu coupable d'avoir dérobé des pièces d'archives de grande valeur.

Caricature de Mérimée par lui-même. L'inscription latine rappelle celle figurant sur la statue de la Vénus d'Ille (voir p. 46).

Prosper Mérimée reprend ses travaux historiques et découvre la littérature russe pour laquelle il se passionne. Il apprend le russe et traduit les auteurs qu'il affectionne : Pouchkine *(La Dame de pique)*, Tourgueniev, qu'il rencontre lors de ses fréquents séjours en France et dont il devient un ami proche.

Sa santé déclinant, Prosper Mérimée passe, depuis plusieurs années, les hivers à Cannes. C'est dans cette ville qu'il s'éteint, le 23 septembre 1870, trois semaines après la capitulation de Sedan et la chute du Second Empire.

« Pour faire du fantastique, il faut commencer par mettre les héros en gilets de flanelle. » Prosper Mérimée à Juliette Adam, femme de lettres influente du XIXe siècle.

▶ **DEVISE**

Sur sa bague, Prosper Mérimée avait fait graver la devise de sa mère : « *Souviens-toi de te méfier.* »

MÉRIMÉE vu par...

LOUIS ARAGON

❝ Il passe pour un auteur secondaire, mais son nom s'inscrit tout naturellement à côté de ceux de Balzac et de Stendhal. ❞

SAINTE-BEUVE

❝ Il est piquant en conversation ; mais écoutez-le, c'est toujours une anecdote, un conte, un trait de mœurs, un texte d'auteur... en un mot, c'est toujours un *fait*, jamais une *idée*. ❞

PROSPER MÉRIMÉE

La Vénus d'Ille

RELATION

de la découverte faite a Ille, en 1834, d'une

STATVE ANTIQVE

et d'inscriptions curieuses expliquées par

M. de PEYREHORADE, membre du conseil general du Dep. des

Pyrénées Orientales

redigé

par. M. MERIMEE ~~de l'Académie de~~ BOURGES

~~Section d'archéologie~~

Ἴλεως ἦν δ'ἐγώ, ἔστω ὁ ἀνδριάς,

καὶ ἤπιος, οὕτως ἀνδρεῖος ὤν.

ΛΟΥΚΙΑΝΟΥ ΦΙΛΟΨΕΥΔΗΣ.

La page de titre
Questions sur la page 10

AVEZ-VOUS BIEN LU ?

1 Quels sont les mots mis en relief par les différentes formes d'écriture ?

2 Observez, dans le groupe nominal « *statue antique* » et le nom de ville « *Bourges* », la transcription de la lettre U. Comment expliquez-vous cette différence ?

3 Qu'est-ce qui, dans cette page, peut faire penser que cette « *relation** » s'adresse à des personnes érudites* ?

4 Qui est l'auteur de ce manuscrit autographe* ?

> *** relation :** communication, récit précis et détaillé.
>
> *** érudites :** qui ont un savoir approfondi, fondé sur l'étude des sources historiques.
>
> *** autographe :** qui est écrit de la propre main de quelqu'un.

ÉTUDIER LE VOCABULAIRE ET LA GRAMMAIRE

5 « *Inscriptions curieuses* » : que signifie l'adjectif « *curieux* » dans ce contexte ? Comment contribue-t-il à créer un effet d'attente* chez le lecteur ?

6 Quel article désigne le groupe « *statue antique* » ? Sait-on ce que représente cette statue et quelle est son origine, son époque ?

> *** effet d'attente :** technique d'écriture qui consiste à susciter et à maintenir l'intérêt du lecteur.

7 Comparez ce déterminant avec celui du titre de la nouvelle : quelle remarque faites-vous ?

ÉTUDIER LE DISCOURS

8 Mérimée se présente comme un simple rapporteur. Relevez le terme qui le souligne dans le texte : que veut-il faire croire au lecteur en mélangeant ainsi fiction et réalité ?

9 Qui est le destinataire* de ce texte ?

> *** destinataire :** personne à laquelle s'adresse un message.

Questionnaire | 11

ÉTUDIER LE GENRE : LA NOUVELLE

10 À l'origine, le terme *« nouvelle »* signifie « information récente et véritable digne d'être diffusée ». *La Vénus d'Ille* paraît en 1837. Relevez les indications spatio-temporelles* et les renseignements sur M. de Peyrehorade et M. Mérimée qui conviendraient à cette définition.

> ** indications spatio-temporelles :* notations sur le lieu et le temps du récit.

11 Parmi les éléments que vous avez retenus, quels sont ceux qui contribuent à donner au lecteur l'illusion du vrai ?

ÉTUDIER L'ÉCRITURE

12 La citation en grec est empruntée à une œuvre de Lucien (IIᵉ s. apr. J.-C.), *Philopseudès*, c'est-à-dire *L'Homme qui aime le faux* ou *Le Menteur*. Dans cette page de titre, qui vous semble être en réalité le mystificateur* ?

> ** mystificateur :* personne qui aime à mystifier, c'est-à-dire à tromper quelqu'un en abusant de sa crédulité pour s'amuser à ses dépens.

ÉTUDIER UN THÈME

13 Cette page vous paraît-elle ressembler à...

a) un article de journal relatant un fait divers.

b) un titre de roman.

c) une annonce pour une conférence culturelle.

ÉTUDIER LA FONCTION DE CE PASSAGE

14 Après avoir lu intégralement *La Vénus d'Ille*, estimez-vous que cette page de titre est fidèle à l'esprit de la nouvelle ?

15 Les *« inscriptions curieuses »* seront-elles véritablement expliquées par M. de Peyrehorade ?

À VOS PLUMES !

16 Vous êtes rédacteur du journal local d'Ille. Composez un article de quelques lignes pour rendre compte de la découverte de la statue en vous aidant des indications contenues dans cette page.

LIRE UNE CARTE

17 Les lieux évoqués dans la nouvelle sont-ils réels ? Pouvez-vous les situer sur le document géographique ?

18 Quelle illusion se trouve ainsi renforcée ?

Questionnaire | 13

Village dans les Pyrénées-Orientales.

La Vénus d'Ille

ʼΙλεὼς ἦν δ᾽ ἐγὼ, ἔστω ὁ ἀνδρίας
καὶ ἤπιός, οὕτως ἀνδρεῖος ὤν.
ΛΟΥΚΙΑΝΟΥ ΦΙΛΟΨΕΥΔΗΣ[1].

Je descendais le dernier coteau du Canigou[2], et, bien que le soleil fût déjà couché, je distinguais dans la plaine les maisons de la petite ville d'Ille[3], vers laquelle je me dirigeais.

« Vous savez, dis-je au Catalan[4] qui me servait de guide depuis la veille, vous savez sans doute où demeure M. de Peyrehorade[5] ?

– Si je le sais ! s'écria-t-il, je connais sa maison comme la mienne ; et s'il ne faisait pas si noir, je vous la montrerais. C'est la plus belle d'Ille. Il a de l'argent, oui, M. de Peyrehorade ; et il marie son fils à plus riche que lui encore.

– Et ce mariage se fera-t-il bientôt ? lui demandai-je.

Notes

1. Citation extraite d'une comédie de Lucien (125-192 apr. J.-C.), *Philopseudès* (L'homme qui aime les mensonges) : « Que cette statue, disais-je, soit propice et bienveillante, elle qui est à ce point humaine ! »
2. Canigou : sommet des Pyrénées-Orientales (2 785 m), au sud-ouest de Perpignan.
3. Ille : aujourd'hui Ille-sur-Têt, petite commune de l'arrondissement de Prades.
4. Catalan : habitant de la Catalogne, région située de part et d'autre de la frontière franco-espagnole.
5. Peyrehorade : petite commune de l'arrondissement de Dax, dans le département des Landes.

La Vénus d'Ille de Prosper Mérimée | 15

– Bientôt ! il se peut que déjà les violons soient commandés pour la noce. Ce soir, peut-être, demain, après-demain, que sais-je ! C'est à Puygarrig[1] que ça se fera ; car c'est mademoiselle de Puygarrig que monsieur le fils épouse. Ce sera beau, oui ! »

J'étais recommandé à M. de Peyrehorade par mon ami M. de P. C'était, m'avait-il dit, un antiquaire[2] fort instruit et d'une complaisance à toute épreuve. Il se ferait un plaisir de me montrer toutes les ruines à dix lieues[3] à la ronde. Or je comptais sur lui pour visiter les environs d'Ille, que je savais riches en monuments antiques et du Moyen Âge. Ce mariage, dont on me parlait alors pour la première fois, dérangeait tous mes plans.

Je vais être un trouble-fête, me dis-je. Mais j'étais attendu ; annoncé par M. de P., il fallait bien me présenter.

« Gageons[4], monsieur, me dit mon guide, comme nous étions déjà dans la plaine, gageons un cigare que je devine ce que vous allez faire chez M. de Peyrehorade ?

– Mais, répondis-je en lui tendant un cigare, cela n'est pas bien difficile à deviner. À l'heure qu'il est, quand on a fait six lieues dans le Canigou, la grande affaire, c'est de souper.

– Oui, mais demain ?… Tenez, je parierais que vous venez à Ille pour voir l'idole[5] ? j'ai deviné cela à vous voir tirer en portrait[6] les saints de Serrabona[7].

– L'idole ! quelle idole ? » Ce mot avait excité ma curiosité.

« Comment ! on ne vous a pas conté, à Perpignan[8], comment M. de Peyrehorade avait trouvé une idole en terre ?

Notes

1. Puygarrig : ce nom fait penser à celui de l'archéologue M. Puigarri, avec qui Mérimée avait eu des divergences.
2. antiquaire : celui qui s'applique à l'étude de l'Antiquité.
3. lieue : ancienne mesure de distance (4 km environ).
4. Gageons : parions.
5. idole : représentation d'une divinité païenne, non chrétienne.

6. tirer en portrait : en faire le portrait, les dessiner.
7. Serrabona : prieuré roman des Pyrénées-Orientales (XIe siècle) que Mérimée a pu visiter lors de sa tournée dans le Roussillon en 1834.
8. Perpignan : préfecture des Pyrénées-Orientales.

— Vous voulez dire une statue en terre cuite, en argile ?

— Non pas. Oui, bien en cuivre, et il y en a de quoi faire des gros sous. Elle vous pèse autant qu'une cloche d'église. C'est bien avant dans la terre, au pied d'un olivier, que nous l'avons eue.

— Vous étiez donc présent à la découverte ?

— Oui, monsieur. M. de Peyrehorade nous dit, il y a quinze jours, à Jean Coll et à moi, de déraciner un vieil olivier qui était gelé de l'année dernière, car elle a été bien mauvaise, comme vous savez. Voilà donc qu'en travaillant, Jean Coll, qui y allait de tout cœur, il donne un coup de pioche, et j'entends bimm… comme s'il avait tapé sur une cloche. Qu'est-ce que c'est ? que je dis. Nous piochons toujours, nous piochons, et voilà qu'il paraît une main noire, qui semblait la main d'un mort qui sortait de terre. Moi, la peur me prend. Je m'en vais à monsieur, et je lui dis : — Des morts, notre maître, qui sont sous l'olivier ! Faut appeler le curé. — Quels morts ? qu'il me dit. Il vient, et il n'a pas plutôt vu la main qu'il s'écrie : — Un antique[1] ! un antique !
— Vous auriez cru qu'il avait trouvé un trésor. Et le voilà, avec la pioche, avec les mains, qui se démène et qui faisait quasiment autant d'ouvrage que nous deux.

— Et enfin que trouvâtes-vous ?

— Une grande femme noire plus qu'à moitié nue, révérence parler[2], monsieur, toute en cuivre, et M. de Peyrehorade nous a dit que c'était une idole du temps des païens[3]… du temps de Charlemagne, quoi !

— Je vois ce que c'est… Quelque bonne Vierge en bronze[4] d'un couvent détruit.

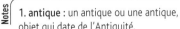

Notes

1. antique : un antique ou une antique, objet qui date de l'Antiquité.
2. révérence parler : formule d'excuse populaire qui équivaut à « sauf votre respect ».
3. païens : ceux qui croient en plusieurs dieux (polythéistes). Ici surtout par opposition aux chrétiens.
4. bronze : alliage de cuivre et d'étain.

La Vénus d'Ille de Prosper Mérimée

65   – Une bonne Vierge ! ah bien oui !… Je l'aurais bien recon-
nue, si ç'avait été une bonne Vierge. C'est une idole, vous dis-
je ; on le voit bien à son air. Elle vous fixe avec ses grands yeux
blancs… On dirait qu'elle vous dévisage. On baisse les yeux,
oui, en la regardant.

70   – Des yeux blancs ? Sans doute ils sont incrustés dans le bronze.
Ce sera peut-être quelque statue romaine.

   – Romaine ! c'est cela. M. de Peyrehorade dit que c'est une
Romaine. Ah ! je vois bien que vous êtes un savant comme lui.

   – Est-elle entière, bien conservée ?

75   – Oh ! monsieur, il ne lui manque rien. C'est encore plus beau
et mieux fini que le buste de Louis-Philippe[1], qui est à la mairie, en plâtre peint. Mais avec tout cela, la figure de cette idole
ne me revient pas. Elle a l'air méchante… et elle l'est aussi.

   – Méchante ! Quelle méchanceté vous a-t-elle faite ?

80   – Pas à moi précisément ; mais vous allez voir. Nous nous
étions mis à quatre pattes pour la dresser debout, et M. de
Peyrehorade, qui lui aussi tirait à la corde, bien qu'il n'ait guère
plus de force qu'un poulet, le digne homme ! Avec bien de la
peine nous la mettons droite. J'amassais un tuileau[2] pour la ca-
85 ler, quand, patatras ! la voilà qui tombe à la renverse tout d'une
masse. Je dis : Gare dessous ! Pas assez vite pourtant, car Jean
Coll n'a pas eu le temps de tirer sa jambe…

   – Et il a été blessé ?

   – Cassée net comme un échalas[3], sa pauvre jambe ! Pécaïre[4] !
90 quand j'ai vu cela, moi, j'étais furieux. Je voulais défoncer
l'idole à coups de pioche, mais M. de Peyrehorade m'a retenu.
Il a donné de l'argent à Jean Coll, qui tout de même est encore

---

Notes

1. Louis-Philippe : roi des Français
de 1830 à 1848. L'action de la nouvelle
se passe donc sous son règne.
2. tuileau : morceau de tuile.

3. échalas : piquet fiché en terre pour
soutenir un cep de vigne ou un jeune
arbre.
4. Pécaïre : expression méridionale
(*cf.* « peuchère ! ») pour signifier la plainte
ou l'attendrissement.

18 | *La Vénus d'Ille* de Prosper Mérimée

au lit depuis quinze jours que cela lui est arrivé, et le médecin dit qu'il ne marchera jamais de cette jambe-là comme de
l'autre. C'est dommage, lui qui était notre meilleur coureur et,
après monsieur le fils, le plus malin joueur de paume[1]. C'est que
M. Alphonse de Peyrehorade en a été triste, car c'est Coll qui
faisait sa partie. Voilà qui était beau à voir comme ils se ren-
voyaient les balles. Paf! paf! Jamais elles ne touchaient terre. »

Note 1. Le jeu de paume est un jeu de balle, ancêtre du tennis qui se joua d'abord avec la paume de la main puis avec une raquette.

La Vénus d'Ille de Prosper Mérimée | 19

L'*incipit*
Questions sur les pages 15 à 19

Avez-vous bien lu ?

1 Relevez les indications temporelles (l. 1 à 15) qui ponctuent le début de la nouvelle. Que remarquez-vous entre les lignes 2 à 8 ?

2 Quels sont les lieux clairement précisés (*cf.* la carte, page 13) ?

3 Qui est le narrateur* ?
a) Que peut-on, en dehors de son identité, apprendre sur lui ?
b) Quel est le pronom personnel qui le désigne dès la première phrase ?

> * *narrateur* : celui qui raconte.

Étudier le vocabulaire et la grammaire

4 Quand il rapporte des paroles, Mérimée choisit-il prioritairement le style (ou discours) direct ou indirect ? À votre avis, pourquoi fait-il ce choix ?

Étudier la situation d'énonciation

La situation d'énonciation

La situation d'énonciation est la situation dans laquelle est produit l'énoncé ; il faut savoir qui parle, à qui, quand et où afin de bien comprendre l'énoncé.

5 Entre quels interlocuteurs le dialogue s'engage-t-il d'abord ? Qui parle surtout ? Pourquoi ?

6 Comment la façon de s'exprimer du narrateur et du Catalan les caractérise-t-elle en même temps qu'elle les différencie ? Comparez notamment les temps des verbes, les tournures syntaxiques, le vocabulaire, les connaissances historiques de l'un et de l'autre.

ÉTUDIER LA NOUVELLE FANTASTIQUE

7 Un *incipit** rassurant. La nouvelle (fantastique?) débute comme le banal récit d'un voyageur fatigué : quelles sont ses préoccupations immédiates? A-t-on le sentiment d'entrer dans un univers inquiétant?

> * incipit : premières lignes ou pages d'un récit.

8 Quel est l'événement récent qui est venu troubler la quiétude de la petite ville d'Ille?

9 Un narrateur rassurant. Dès lors qu'il est question de la statue, observez les paroles et les attitudes du narrateur : en quoi sont-elles rassurantes pour le lecteur face aux réactions affectives et superstitieuses du guide catalan?

10 Le récit à la 1re personne crée l'illusion que le narrateur est une personne réelle à laquelle le lecteur s'identifie* aisément. Pourquoi Mérimée a-t-il intérêt à mettre le lecteur de son côté?

> * s'identifie : se pénètre des pensées, des sentiments d'un autre.

ÉTUDIER L'ÉCRITURE

11 Repérez le sujet réel – ou logique – du verbe « paraître » dans la phrase « *et voilà qu'il paraît une main noire* » (l. 49-50) ; quel est l'effet produit par sa place dans la proposition?

ÉTUDIER UN THÈME : LA STATUE

12 Relevez les termes utilisés par le Catalan lorsqu'il évoque la statue : sur quels aspects caractéristiques mettent-ils l'accent? S'agit-il d'une description objective*?

> * description objective : qui ne fait pas intervenir d'éléments personnels, affectifs dans ses jugements. L'antonyme est subjectif.

Questionnaire | 21

⓭ Parmi les adjectifs employés par le guide pour qualifier la statue, quel est celui qui ne peut pas convenir à un « objet inanimé » ? Que laisse entendre, de cette façon, le Catalan ?

ÉTUDIER LA FONCTION DE L'*INCIPIT*

La scène d'exposition

Au théâtre, la scène d'exposition a pour fonction de présenter les personnages et de livrer les renseignements indispensables pour bien comprendre le déroulement de l'intrigue.

⓮ Dans ce début de nouvelle, les informations sur les personnages et l'action nous sont-elles données principalement par :
a) un récit au passé.
b) des dialogues.
c) des commentaires du narrateur.
Pour quelle raison, selon vous, Mérimée a-t-il fait ce choix ?

⓯ Montrez, après les avoir relevés, que tous les éléments de l'intrigue sont mis en place comme dans la scène d'exposition d'une pièce de théâtre.

À VOS PLUMES !

Les niveaux de langue

On distingue :
– le niveau de langue familier (incorrections grammaticales, tournures populaires) ;
– le niveau de langue courant (langage usuel) ;
– le niveau de langue soutenu (termes et constructions recherchés).

⓰ Imaginez le récit au style indirect qu'aurait pu faire M. de Peyrehorade de la découverte de la statue. Vous veillerez aux temps des verbes, aux pronoms et au niveau de langue soutenu qui serait le sien.

LIRE L'IMAGE (P. 24)

17 Un chantier de fouilles au XIXᵉ siècle : observez les vêtements, les attitudes et la situation spatiale des personnages. Que remarquez-vous ?

18 Cette gravure reflète fidèlement l'état de l'archéologie au XIXᵉ siècle. Montrez que la même opposition (paysans/savants, travailleurs manuels/« antiquaires » bourgeois) existe dans le texte de Mérimée.

Les fouilles de Torre Vergata,
par Henri Félix Emmanuel Philippoteaux.
Illustration pour les *Mémoires d'outre-tombe* de Chateaubriand (1850).

Devisant de la sorte, nous entrâmes à Ille, et je me trouvai bientôt en présence de M. de Peyrehorade. C'était un petit vieillard vert[1] encore et dispos[2], poudré, le nez rouge, l'air jovial[3] et goguenard[4]. Avant d'avoir ouvert la lettre de M. de P., il m'avait installé devant une table bien servie, et m'avait présenté à sa femme et à son fils comme un archéologue[5] illustre, qui devait tirer le Roussillon[6] de l'oubli où le laissait l'indifférence des savants.

Tout en mangeant de bon appétit, car rien ne dispose mieux que l'air vif des montagnes, j'examinais mes hôtes. J'ai dit un mot de M. de Peyrehorade ; je dois ajouter que c'était la vivacité même. Il parlait, mangeait, se levait, courait à sa bibliothèque, m'apportait des livres, me montrait des estampes[7], me versait à boire ; il n'était jamais deux minutes en repos. Sa femme, un peu trop grasse, comme la plupart des Catalanes lorsqu'elles ont passé quarante ans, me parut une provinciale renforcée, uniquement occupée des soins de son ménage. Bien que le souper fût suffisant pour six personnes au moins, elle courut à la cuisine, fit tuer des pigeons, frire des miliasses[8], ouvrit je ne sais combien de pots de confitures. En un instant la table fut encombrée de plats et de bouteilles, et je serais certainement mort d'indigestion si j'avais goûté seulement à tout ce qu'on m'offrait. Cependant, à chaque plat que je refusais, c'étaient de nouvelles excuses. On craignait que je me trouvasse bien mal à Ille. Dans la province on a si peu de ressources, et les Parisiens sont si difficiles !

Notes

1. **vert** : plein de vigueur, de force et de santé.
2. **dispos** : en bonne condition.
3. **jovial** : naturellement gai et de bonne humeur (né sous le signe de Jupiter, *Jovis*).
4. **goguenard** : moqueur, narquois.

5. **archéologue** : spécialiste de l'étude des civilisations du passé et de leurs vestiges matériels.
6. **Roussillon** : province du sud-ouest de la France (Pyrénées-Orientales).
7. **estampes** : images imprimées.
8. **miliasses** : petits gâteaux de farine de maïs.

La Vénus d'Ille de Prosper Mérimée

Au milieu des allées et venues de ses parents, M. Alphonse de Peyrehorade ne bougeait pas plus qu'un Terme[1]. C'était un grand jeune homme de vingt-six ans, d'une physionomie[2] belle et régulière, mais manquant d'expression. Sa taille et ses formes athlétiques justifiaient bien la réputation d'infatigable joueur de paume qu'on lui faisait dans le pays. Il était ce soir-là habillé avec élégance, exactement d'après la gravure du dernier numéro du *Journal des modes*. Mais il me semblait gêné dans ses vêtements ; il était raide comme un piquet dans son col de velours, et ne se tournait que tout d'une pièce. Ses mains grosses et hâlées[3], ses ongles courts contrastaient singulièrement avec son costume. C'étaient des mains de laboureur sortant des manches d'un dandy[4]. D'ailleurs, bien qu'il me considérât de la tête aux pieds fort curieusement, en ma qualité de Parisien, il ne m'adressa qu'une seule fois la parole dans toute la soirée, ce fut pour me demander où j'avais acheté la chaîne de ma montre.

« Ah çà ! mon cher hôte, me dit M. de Peyrehorade, le souper tirant à sa fin, vous m'appartenez, vous êtes chez moi. Je ne vous lâche plus, sinon quand vous aurez vu tout ce que nous avons de curieux dans nos montagnes. Il faut que vous appreniez à connaître notre Roussillon, et que vous lui rendiez justice. Vous ne vous doutez pas du tout de ce que nous allons vous montrer. Monuments phéniciens[5], celtiques[6], romains, arabes,

Notes

1. Terme : le dieu Terme était, à Rome, le gardien des propriétés. Il veillait sur les bornes et vengeait les usurpations. Le dieu Terme n'était à l'origine qu'une pierre grossière carrée. Plus tard on lui donna forme humaine, mais la base resta pyramidale. Il était sans bras et sans pieds, en témoignage de son immobilité.
2. physionomie : apparence, expression du visage.
3. hâlées : légèrement bronzées.
4. dandy : au XIXe siècle, homme qui cherche à exprimer par sa mise un raffinement et un idéal esthétique. Par la suite, homme qui affecte une grande recherche dans sa toilette.
5. phéniciens : de Phénicie, ancienne région du Moyen-Orient, située entre la Méditerranée et le Liban.
6. celtiques : relatifs aux Celtes, peuple qui occupait une partie de la Gaule, de l'Espagne et de l'Italie.

26 | *La Vénus d'Ille* de Prosper Mérimée

byzantins[1], vous verrez tout, depuis le cèdre jusqu'à l'hysope[2].
150 Je vous mènerai partout et ne vous ferai pas grâce d'une brique. »

Un accès de toux l'obligea de s'arrêter. J'en profitai pour lui dire que je serais désolé de le déranger dans une circonstance aussi intéressante[3] pour sa famille. S'il voulait bien me donner ses excellents conseils sur les excursions que j'aurais à faire, je
155 pourrais, sans qu'il prît la peine de m'accompagner...

« Ah ! vous voulez parler du mariage de ce garçon-là, s'écriat-il en m'interrompant. Bagatelle[4] ! ce sera fait après-demain. Vous ferez la noce avec nous, en famille, car la future est en deuil d'une tante dont elle hérite. Ainsi point de fête, point de
160 bal... C'est dommage... vous auriez vu danser nos Catalanes... Elles sont jolies, et peut-être l'envie vous aurait-elle pris d'imiter mon Alphonse. Un mariage, dit-on, en amène d'autres... Samedi, les jeunes gens mariés, je suis libre, et nous nous mettons en course. Je vous demande pardon de vous donner
165 l'ennui d'une noce de province. Pour un Parisien blasé[5] sur les fêtes... et une noce sans bal encore ! Pourtant, vous verrez une mariée... une mariée... vous m'en direz des nouvelles... Mais vous êtes un homme grave et vous ne regardez plus les femmes. J'ai mieux que cela à vous montrer. Je vous ferai voir quelque
170 chose !... Je vous réserve une fière surprise pour demain.

– Mon Dieu ! lui dis-je, il est difficile d'avoir un trésor dans sa maison sans que le public en soit instruit. Je crois deviner la surprise que vous me préparez. Mais si c'est de votre statue qu'il

---

Notes

1. **byzantins** : de Byzance, nom de la très ancienne ville grecque qui devint, au IVe siècle, Constantinople.
2. **depuis le cèdre jusqu'à l'hysope** : expression proverbiale de la Bible (*Livre des Rois*, 1, 4, 33), où sont opposés le grand arbre (cèdre) et la petite plante

aromatique (hysope), et qui signifie du plus grand au plus petit.
3. **intéressante** : importante, préoccupante.
4. **bagatelle** : objet de peu de prix, sans importance.
5. **blasé** : dégoûté, rendu indifférent ou insensible par l'expérience ou la satiété.

La Vénus d'Ille de Prosper Mérimée | 27

s'agit, la description que mon guide m'en a faite n'a servi qu'à
175 exciter ma curiosité et à me disposer à l'admiration.

— Ah! il vous a parlé de l'idole, car c'est ainsi qu'ils appellent
ma belle Vénus Tur… mais je ne veux rien vous dire. Demain,
au grand jour, vous la verrez, et vous me direz si j'ai raison
de la croire un chef-d'œuvre. Parbleu! vous ne pouviez arriver
180 plus à propos! Il y a des inscriptions que moi, pauvre ignorant,
j'explique à ma manière… mais un savant de Paris!… Vous
vous moquerez peut-être de mon interprétation… car j'ai fait
un mémoire[1]… moi qui vous parle… vieil antiquaire de province, je me suis lancé… Je veux faire gémir la presse[2]… Si vous
185 vouliez bien me lire et me corriger, je pourrais espérer… Par
exemple, je suis bien curieux de savoir comment vous traduirez
cette inscription sur le socle : *CAVE*[3]. Mais je ne veux rien
vous demander encore! À demain, à demain! Pas un mot sur la
Vénus aujourd'hui!

190 — Tu as raison, Peyrehorade, dit sa femme, de laisser là ton
idole. Tu devrais voir que tu empêches monsieur de manger. Va,
monsieur a vu à Paris de bien plus belles statues que la tienne.
Aux Tuileries[4], il y en a des douzaines, et en bronze aussi.

— Voilà bien l'ignorance, la sainte ignorance de la province!
195 interrompit M. de Peyrehorade. Comparer un antique admirable aux plates figures de Coustou[5]!

Comme avec irrévérence
Parle des dieux ma ménagère[6] !

Notes

1. **un mémoire** : compte-rendu sur un
sujet d'érudition scientifique ou littéraire.
2. **faire gémir la presse** : métaphore qui
signifie… imprimer !
3. *cave* : impératif latin signifiant « prends
garde à… »
4. **Tuileries** : ancienne résidence royale,
à Paris, dont le jardin se situe entre
le Louvre et les Champs-élysées.

5. **Coustou** : sculpteur (1658-1733)
dont certaines statues se trouvent
aux Tuileries.
6. *Comme avec irrévérence / Parle des
dieux ma ménagère* : M. de Peyrehorade
s'amuse à faire une variation sur une
citation de Molière : « *Comme avec
irrévérence/Parle des dieux ce maraud* »
(*Amphitryon*, acte II, scène 2).

28 | *La Vénus d'Ille de Prosper Mérimée*

Tête de Vénus, musée du Louvre.

Savez-vous que ma femme voulait que je fondisse ma statue pour en faire une cloche à notre église ? C'est qu'elle en eût été la marraine. Un chef-d'œuvre de Myron[1], monsieur !

– Chef-d'œuvre ! chef-d'œuvre ! un beau chef-d'œuvre qu'elle a fait ! casser la jambe d'un homme !

– Ma femme, vois-tu ? dit M. de Peyrehorade d'un ton résolu, et tendant vers elle sa jambe droite dans un bas de soie chinée, si ma Vénus m'avait cassé cette jambe-là, je ne la regretterais pas.

– Bon Dieu ! Peyrehorade, comment peux-tu dire cela ! Heureusement que l'homme va mieux… Et encore je ne peux pas prendre sur moi de regarder la statue qui fait des malheurs comme celui-là. Pauvre Jean Coll !

– Blessé par Vénus, monsieur, dit M. de Peyrehorade riant d'un gros rire, blessé par Vénus, le maraud se plaint.

Veneris nec praemia noris[2].

Qui n'a été blessé par Vénus ? »

M. Alphonse, qui comprenait le français mieux que le latin, cligna de l'œil d'un air d'intelligence, et me regarda comme pour me demander : Et vous, Parisien, comprenez-vous ?

Le souper finit. Il y avait une heure que je ne mangeais plus. J'étais fatigué, et je ne pouvais parvenir à cacher les fréquents bâillements qui m'échappaient. Madame de Peyrehorade s'en aperçut la première, et remarqua qu'il était temps d'aller dormir. Alors commencèrent de nouvelles excuses sur le mauvais gîte que j'allais avoir. Je ne serais pas comme à Paris. En province on est si mal ! Il fallait de l'indulgence pour les Roussillonnais. J'avais beau protester qu'après une course dans les montagnes une botte de paille me serait un coucher délicieux, on me priait toujours de pardonner à de pauvres campagnards

1. Myron : sculpteur grec du Ve siècle av. J.-C. à qui on attribue la célèbre statue du *Discobole*, visible aujourd'hui au Louvre.
2. *Veneris nec praemia noris* : « *Et les présents de Vénus, tu ne les connais pas* »
(Virgile, *Énéide*, IV, 33 : il est question, dans ce chant, de l'amour malheureux de Didon, reine de Carthage, pour Énée, le fils de Vénus).

La Vénus d'Ille de Prosper Mérimée

s'ils ne me traitaient pas aussi bien qu'ils l'eussent désiré. Je montai enfin à la chambre qui m'était destinée, accompagné de M. de Peyrehorade. L'escalier, dont les marches supérieures étaient en bois, aboutissait au milieu d'un corridor[1], sur lequel donnaient plusieurs chambres.

« À droite, me dit mon hôte, c'est l'appartement que je destine à la future madame Alphonse. Votre chambre est au bout du corridor opposé. Vous sentez bien, ajouta-t-il d'un air qu'il voulait rendre fin, vous sentez bien qu'il faut isoler de nouveaux mariés. Vous êtes à un bout de la maison, eux à l'autre. »

Nous entrâmes dans une chambre bien meublée, où le premier objet sur lequel je portai la vue fut un lit long de sept pieds[2], large de six, et si haut qu'il fallait un escabeau pour s'y guinder[3]. Mon hôte m'ayant indiqué la position de la sonnette, et s'étant assuré par lui-même que le sucrier était plein, les flacons d'eau de Cologne dûment placés sur la toilette, après m'avoir demandé plusieurs fois si rien ne me manquait, me souhaita une bonne nuit et me laissa seul.

Les fenêtres étaient fermées. Avant de me déshabiller, j'en ouvris une pour respirer l'air frais de la nuit, délicieux après un long souper. En face était le Canigou, d'un aspect admirable en tout temps, mais qui me parut ce soir-là la plus belle montagne du monde, éclairé qu'il était par une lune resplendissante. Je demeurai quelques minutes à contempler sa silhouette merveilleuse, et j'allais fermer ma fenêtre, lorsque, baissant les yeux, j'aperçus la statue sur un piédestal[4] à une vingtaine de toises[5] de la maison. Elle était placée à l'angle d'une haie vive qui séparait un petit jardin d'un vaste carré parfaitement uni, qui, je l'appris

---

Notes

1. **corridor** : couloir distribuant plusieurs chambres d'un même étage.
2. **un pied** : ancienne mesure qui équivaut à 32 cm.
3. **s'y guinder** : s'y hisser (au moyen d'une grue !).

4. **piédestal** : support élevé formant le socle d'une statue.
5. **une toise** : ancienne mesure qui équivaut à 2 m environ.

La Vénus d'Ille de Prosper Mérimée

plus tard, était le jeu de paume de la ville. Ce terrain, propriété de M. de Peyrehorade, avait été cédé par lui à la commune, sur les pressantes sollicitations[1] de son fils. À la distance où j'étais, il m'étais difficile de distinguer l'attitude de la statue ; je ne pouvais juger que de sa hauteur, qui me parut de six pieds environ. En ce moment, deux polissons[2] de la ville passaient sur le jeu de paume, assez près de la haie, sifflant le joli air du Roussillon : *Montagnes régalades*[3]. Ils s'arrêtèrent pour regarder la statue ; un d'eux l'apostropha même à haute voix. Il parlait catalan ; mais j'étais dans le Roussillon depuis assez longtemps pour pouvoir comprendre à peu près ce qu'il disait.

« Te voilà donc, coquine ! (Le terme catalan était plus énergique.) Te voilà ! disait-il. C'est donc toi qui as cassé la jambe à Jean Coll ! Si tu étais à moi, je te casserais le cou.

— Bah ! avec quoi ? dit l'autre. Elle est de cuivre, et si dure qu'Étienne a cassé sa lime dessus, essayant de l'entamer[4]. C'est du cuivre du temps des païens ; c'est plus dur que je ne sais quoi.

— Si j'avais mon ciseau à froid[5] (il paraît que c'était un apprenti serrurier), je lui ferais bientôt sauter ses grands yeux blancs, comme je tirerais une amande de sa coquille. Il y a pour plus de cent sous d'argent. »

Ils firent quelques pas en s'éloignant.

« Il faut que je souhaite le bonsoir à l'idole », dit le plus grand des apprentis, s'arrêtant tout à coup.

Il se baissa, et probablement ramassa une pierre. Je le vis déployer le bras, lancer quelque chose, et aussitôt un coup sonore retentit sur le bronze. Au même instant l'apprenti porta la main à sa tête en poussant un cri de douleur.

---

1. **sollicitations** : demandes.
2. **polissons** : enfants dissipés, garnements.
3. *Montagnes régalades* : air du Roussillon qui peut se traduire par *Montagnes royales* ou *Montagnes ruisselantes*.

4. **l'entamer** : lui faire une incision, une coupure.
5. **ciseau à froid** : outil plat servant à couper les métaux sans avoir à les chauffer à la forge.

32 | *La Vénus d'Ille* de Prosper Mérimée

«Elle me l'a rejetée!» s'écria-t-il.

Et mes deux polissons prirent la fuite à toutes jambes. Il était évident que la pierre avait rebondi sur le métal, et avait puni ce drôle de l'outrage[1] qu'il faisait à la déesse.

Je fermai la fenêtre en riant de bon cœur. «Encore un Vandale[2] puni par Vénus! Puissent tous les destructeurs de nos vieux monuments avoir ainsi la tête cassée!» Sur ce souhait charitable, je m'endormis.

Notes

1. **outrage** : insulte.
2. **Vandale** : qui appartient au groupement de peuples germaniques qui pillèrent Rome en 455 ap. J.-C. Par la suite, personne qui détruit, qui détériore par ignorance, bêtise ou malveillance.

La Vénus d'Ille de Prosper Mérimée

Un archéologue parisien en province
Questions sur les pages 25 à 33

Avez-vous bien lu ?

1 D'après les indications données par le texte, quel jour de la semaine a-t-on fixé pour le mariage ? Cherchez l'étymologie* de ce jour de la semaine.

> ** étymologie :* origine ou filiation d'un mot.

2 Combien de convives partagent le repas du soir et qui sont-ils ?

3 La chambre du narrateur* se situe...
a au deuxième étage, loin de la chambre des futurs jeunes mariés.
b) au premier étage, au bout d'un corridor.
c) au premier étage, près de la chambre d'Alphonse.

> ** narrateur :* celui qui raconte.

4 Quelle est la hauteur de la statue ? À quelle distance de la statue le narrateur se trouve-t-il lorsqu'il la regarde depuis la fenêtre de sa chambre ? Répondez en fonction du système métrique actuel.

Étudier le vocabulaire et la grammaire

5 Reportez-vous à la note sur le mot « *Terme* » (l. 127) : en quoi le fait de caractériser Alphonse par le mot « *Terme* » prépare-t-il doublement le lecteur à établir une relation entre lui et la statue de Vénus ?

6 Quelle est, aux lignes 134-135, la figure de style* qui vient renforcer l'impression laissée par le mot « *Terme* » ?

> ** figure de style :* procédé qui consiste à rendre le langage plus expressif, pour mieux frapper l'imagination.

7 Quand il parle des « *présents de Vénus* » (l. 213) et des blessures qu'elle peut infliger, à quoi M. de Peyrehorade fait-il allusion ?

---

34 | *La Vénus d'Ille* de Prosper Mérimée

ÉTUDIER LE DISCOURS

8 Les paroles rapportées.
a) Quel est le type de discours choisi par l'auteur pour M. de Peyrehorade ?
b) Quel est le signe de ponctuation qui revient le plus souvent dans les paroles du provincial ?

9 Quelles remarques du narrateur (l. 255-256 et l. 273-274) vous permettent-elles d'affirmer qu'il s'agit d'une narration *a posteriori** ?

10 Relevez toutes les formulations vagues (l. 277 à 283) qui soulignent dans cet extrait la difficulté du narrateur, soucieux d'exactitude, à rendre compte de la scène.

> *** a posteriori :** locution latine qui signifie « en partant de ce qui vient après », qui est postérieur à l'expérience.

ÉTUDIER LE GENRE : LA NOUVELLE

11 Quels sont les personnages décrits et quelle est la place occupée par leur portrait dans ce passage ?

12 Quelle caractéristique spécifique au genre de la nouvelle pouvez-vous dégager de cette dernière observation ?

ÉTUDIER L'ÉCRITURE

13 Observez les énumérations* servant à décrire les deux hôtes du narrateur : quelle remarque faites-vous sur la nature des mots qui les constituent ?

14 Quels effets ces énumérations produisent-elles sur le rythme de la phrase et en quoi nous renseignent-elles sur le comportement des personnages ?

> *** énumérations :** procédé qui consiste à juxtaposer des mots de même nature grammaticale.

Questionnaire | 35

ÉTUDIER UN THÈME : LA STATUE

15 Une atmosphère romantique* (l. 246 à 256). Relevez les termes qui précisent les sentiments du narrateur face au paysage. À quels champs lexicaux* appartiennent-ils ?

16 Montrez comment le narrateur structure l'espace (l. 246 à 256) qu'il décrit de manière quasi géométrique, comme un archéologue ferait un relevé.

17 Comment est expliqué, de manière différente, le retour de la pierre par les apprentis et par le narrateur ?

18 Entre la réaction naïve des deux apprentis et l'explication rationnelle du narrateur, quelle position est amené à prendre le lecteur ?

> ** romantique :* qui évoque des attitudes et des thèmes chers aux artistes romantiques : sensibilité, exaltation, rêverie de l'homme face à la nature
>
> ** champs lexicaux :* ensembles de mots se rapportant à un même thème.

ÉTUDIER LA FONCTION DE CET EXTRAIT

19 Sous forme de tableau, indiquez les personnages qui sont favorables à la statue et ceux qui la rejettent, en précisant à chaque fois la nature de leurs sentiments.

20 Quel est, curieusement, le seul personnage à rester indifférent ?

21 Dans les paroles de M. de Peyrehorade, comment apparaît Mlle de Puygarrig à côté de la statue ?

À VOS PLUMES !

22 En deux phrases, dans un récit au passé, racontez sur un rythme accéléré et avec vivacité les efforts d'Étienne lorsqu'il a essayé d'entamer la statue avec sa lime. Utilisez, comme Mérimée, de longues juxtapositions de verbes d'action.

36 | *La Vénus d'Ille* de Prosper Mérimée

Il était grand jour quand je me réveillai. Auprès de mon lit étaient, d'un côté, M. de Peyrehorade, en robe de chambre ; de l'autre, un domestique envoyé par sa femme, une tasse de
295 chocolat à la main.

« Allons, debout, Parisien ! Voilà bien mes paresseux de la capitale ! disait mon hôte pendant que je m'habillais à la hâte. Il est huit heures, et encore au lit ! Je suis levé, moi, depuis six heures. Voilà trois fois que je monte ; je me suis approché de votre porte
300 sur la pointe du pied : personne, nul signe de vie. Cela vous fera mal de trop dormir à votre âge. Et ma Vénus que vous n'avez pas encore vue ! Allons, prenez-moi vite cette tasse de chocolat de Barcelone[1]… Vraie contrebande… Du chocolat comme on n'en a pas à Paris. Prenez des forces, car lorsque vous serez
305 devant ma Vénus, on ne pourra plus vous en arracher. »

En cinq minutes je fus prêt, c'est-à-dire à moitié rasé, mal boutonné, et brûlé par le chocolat que j'avalai bouillant. Je descendis dans le jardin, et me trouvai devant une admirable statue.

C'était bien une Vénus, et d'une merveilleuse beauté. Elle
310 avait le haut du corps nu, comme les anciens représentaient d'ordinaire les grandes divinités ; la main droite, levée à la hauteur du sein, était tournée, la paume en dedans, le pouce et les deux premiers doigts étendus, les deux autres légèrement ployés. L'autre main, rapprochée de la hanche, soutenait la draperie qui
315 couvrait la partie inférieure du corps. L'attitude de cette statue rappelait celle du *Joueur de mourre*[2] qu'on désigne, je ne sais trop pourquoi, sous le nom de *Germanicus*[3]. Peut-être avait-on voulu représenter la déesse jouant au jeu de mourre.

Notes

1. **chocolat de Barcelone** : chocolat espagnol réputé, acheté en contrebande car les droits de douane étaient élevés.

2. *Joueur de mourre* : dans cet ancien jeu, on doit deviner très rapidement le nombre de doigts levés par l'adversaire.
3. *Germanicus* : allusion à une statue du Louvre représentant un général romain.

La Vénus d'Ille de Prosper Mérimée

Quoi qu'il en soit, il est impossible de voir quelque chose de
320 plus parfait que le corps de cette Vénus ; rien de plus suave[1], de
plus voluptueux[2] que ses contours ; rien de plus élégant et de
plus noble que sa draperie. Je m'attendais à quelque ouvrage du
Bas-Empire[3] ; je voyais un chef-d'œuvre du meilleur temps de
la statuaire. Ce qui me frappait surtout, c'était l'exquise vérité
325 des formes, en sorte qu'on aurait pu les croire moulées sur nature, si la nature produisait d'aussi parfaits modèles.

La chevelure, relevée sur le front, paraissait avoir été dorée autrefois. La tête, petite comme celle de presque toutes les statues
grecques, était légèrement inclinée en avant. Quant à la figure,
330 jamais je ne parviendrai à exprimer son caractère étrange, et
dont le type ne se rapprochait de celui d'aucune statue antique
dont il me souvienne. Ce n'était point cette beauté calme et sé-
vère des sculpteurs grecs, qui, par système[4], donnaient à tous les
traits une majestueuse immobilité. Ici, au contraire, j'observais
335 avec surprise l'intention marquée de l'artiste de rendre la malice
arrivant jusqu'à la méchanceté. Tous les traits étaient contrac-
tés légèrement : les yeux un peu obliques, la bouche relevée
des coins, les narines quelque peu gonflées. Dédain[5], ironie,
cruauté se lisaient sur ce visage d'une incroyable beauté cepen-
340 dant. En vérité, plus on regardait cette admirable statue, et plus
on éprouvait le sentiment pénible qu'une si merveilleuse beauté
pût s'allier à l'absence de toute sensibilité.

« Si le modèle a jamais existé, dis-je à M. de Peyrehorade, et
je doute que le ciel ait jamais produit une telle femme, que je
345 plains ses amants ! Elle a dû se complaire à les faire mourir de
désespoir. Il y a dans son expression quelque chose de féroce, et
pourtant je n'ai jamais vu rien de si beau.

Notes

1. **suave** : doux, agréable.
2. **voluptueux** : qui suggère le plaisir.
3. **Bas-Empire** : période de l'Empire romain qui va de 235 à 476 ap. J.-C.
4. **par système** : selon leur conception. Une des caractéristiques de la divinité était en effet l'absence totale de trouble.
5. **Dédain** : mépris.

38 | *La Vénus d'Ille* de Prosper Mérimée

– C'est Vénus tout entière à sa proie attachée[1]!» s'écria M. de Peyrehorade, satisfait de mon enthousiasme.

350 Cette expression d'ironie infernale[2] était augmentée peut-être par le contraste de ses yeux incrustés d'argent et très brillants avec la patine[3] d'un vert noirâtre que le temps avait donnée à toute la statue. Ces yeux brillants produisaient une certaine illusion qui rappelait la réalité, la vie. Je me souviens de ce que 355 m'avait dit mon guide, qu'elle faisait baisser les yeux à ceux qui la regardaient. Cela était presque vrai, et je ne pus me défendre d'un mouvement de colère contre moi-même en me sentant un peu mal à mon aise devant cette figure de bronze.

«Maintenant que vous avez tout admiré en détail, mon cher 360 collègue en antiquaillerie[4], dit mon hôte, ouvrons, s'il vous plaît, une conférence scientifique. Que dites-vous de cette inscription, à laquelle vous n'avez point pris garde encore?

Il me montrait le socle de la statue, et j'y lus ces mots :
CAVE AMANTEM[5].

Notes

1. **C'est Vénus tout entière à sa proie attachée :** (Racine, *Phèdre*, acte I, sc. 3, v. 306). Phèdre exprime ainsi la fatalité, la malédiction de son amour pour Hippolyte.
2. **infernale :** qui appartient au monde de l'enfer ou des Enfers.

3. **patine :** teinte que certaines matières, notamment le bronze, prennent avec le temps.
4. **antiquaillerie :** mot formé sur *antiquité* et qui en constitue un synonyme péjoratif et amusant.
5. *cave amantem* : latin, « prends garde à celle ou à celui qui aime ».

La Vénus d'Ille de Prosper Mérimée

Le *Doryphore*, copie en marbre d'après l'original de Polyclète
(ve siècle av. J.-C.), Musée de Naples.

La découverte de la statue

Questions sur les pages 37 à 39

Avez-vous bien lu ?

1 Relevez les indications temporelles : quand se situe ce passage ?

2 Telle qu'elle apparaît, la déesse Vénus est-elle représentée :
a) totalement nue.
b) à moitié vêtue.
c) drapée d'un voile qui recouvre tout son corps.

3 La statue est :
a) une statue du meilleur temps de la statuaire.
b) une statue romaine du Bas-Empire (235 à 476 ap. J.-C.).
c) une statue dont on ne peut préciser exactement l'origine.

Étudier le vocabulaire et la grammaire

4 *« C'était bien une Vénus, et d'une merveilleuse beauté »* (l. 309). Quel est le temps verbal employé dans cette phrase ? Quel effet produit cet emploi par rapport aux temps verbaux des phrases précédentes ?

5 En vous aidant de la définition ci-contre, dites quel est le présentatif* utilisé (l. 309) et quel est le mot mis ainsi en relief ?

> ** présentatif :*
> mot ou groupe
> de mot (c'est,
> voici, il y a...)
> servant à mettre
> un autre mot en
> valeur.

6 Par quel autre procédé est mis en valeur l'expression *« d'une merveilleuse beauté »* ?

ÉTUDIER LE DISCOURS

7 Les marques de l'énonciation : un narrateur* impliqué. Relevez les expressions, dans la description de la statue, où apparaissent les pronoms personnels de la 1re personne (*je* ou *me*).

8 Selon vous, s'agit-il d'une description objective* ou subjective ?

9 Le narrateur exprime diverses réactions à la vue de la statue. Quelles sont-elles ? Classez-les dans deux ensembles différents et dites ce que vous en déduisez (quant à l'impression produite par la statue sur le narrateur).

> * *narrateur :* celui qui raconte.
>
> * *objective :* qui ne fait pas intervenir d'éléments personnels, affectifs dans ses jugements. L'antonyme est *subjectif*.

ÉTUDIER L'ÉCRITURE

10 Relevez le nombre de paragraphes qui concernent la description de la Vénus.

11 En observant, dans chaque paragraphe, les parties de la statue décrites, dites selon quel ordre est organisée la description.

12 Quel élément de la statue semble retenir le plus l'attention du narrateur ?

ÉTUDIER LA NOUVELLE FANTASTIQUE

13 Quel est le point de vue choisi par Mérimée dans cette description ?
a) le point de vue interne (ou subjectif).
b) le point de vue externe (ou objectif).
c) le point de vue omniscient*.

14 En quoi le choix de cette focalisation* contribue-t-il à installer le lecteur dans le doute, la difficulté d'interprétation propre au fantastique ?

> * *omniscient :* qui voit tout et sait tout.
>
> * *focalisation :* point de vue narratif.

La Vénus d'Ille de Prosper Mérimée

ÉTUDIER UN THÈME : LA STATUE

15 Une statue troublante et unique. Dans la description de la statue, relevez tous les termes qui appartiennent au champ lexical* de la beauté et tous ceux qui appartiennent à celui de la méchanceté.

> ** champ lexical : ensemble de mots se rapportant à un même thème.*

16 « *Ces yeux brillants produisaient une certaine illusion...* » Complétez cette phrase.

ÉTUDIER UNE SCULPTURE : LE DORYPHORE DE POLYCLÈTE (P. 40)

Les types de sculptures et leur étude

Ronde-bosse : sculpture dont on ne peut faire le tour.
Bas-relief : sculpture en faible saillie sur un fond uni.
Haut-relief : sculpture présentant un relief très saillant.

Pour étudier une sculpture, il faut indiquer :
a) le sujet : religieux, légendaire, scène de la vie quotidienne...
b) le matériau : bronze, cuivre, plâtre…
c) le type de sculpture : ronde-bosse, bas-relief, haut-relief.
d) le style : l'aspect général, l'attitude, l'expression, les proportions.
e) l'auteur : son époque, ses apports, ses autres œuvres.
On conclut par une phrase qui résume les traits principaux et l'impression dominante.

---

17 Complétez les différentes rubriques pour étudier la statue du *Doryphore* (du grec *dory*, « lance », et *phore*, « porteur » → le porteur de lance) de Polyclète.

À VOS PLUMES !

18 En vous appuyant sur les conseils de méthode pour l'analyse d'une sculpture et en prenant modèle sur Mérimée, faites une description d'une *Nana* de Niki de Saint-Phalle en commençant par la phrase : « *C'était bien une* Nana *de Niki de Saint-Phalle, et d'une incroyable légèreté.* »

Vous n'oublierez pas de mettre en valeur les sentiments contradictoires que vous inspire cette sculpture et d'organiser votre description en plusieurs paragraphes.

365 « *Qui dicis, doctissime*[1]*?* me demanda-t-il en se frottant les mains. Voyons si nous nous rencontrons sur le sens de ce *cave amantem*!

– Mais, répondis-je, il y a deux sens. On peut traduire : "Prends garde à celui qui t'aime, défie-toi des amants." Mais,
370 dans ce sens, je ne sais si *cave amantem* serait d'une bonne latinité[2]. En voyant l'expression diabolique de la dame, je croirais plutôt que l'artiste a voulu mettre en garde le spectateur contre cette terrible beauté. Je traduirais donc : "Prends garde à toi si *elle* t'aime."

375 – Humph! dit M. de Peyrehorade, oui, c'est un sens admirable ; mais, ne vous en déplaise, je préfère la première traduction, que je développerai pourtant. Vous connaissez l'amant de Vénus?

– Il y en a plusieurs.

380 – Oui ; mais le premier, c'est Vulcain[3]. N'a-t-on pas voulu dire : "Malgré toute ta beauté, ton air dédaigneux, tu auras un forgeron, un vilain boiteux pour amant?" Leçon profonde, Monsieur, pour les coquettes!»

Je ne pus m'empêcher de sourire, tant l'explication me parut
385 tirée par les cheveux.

«C'est une terrible langue que le latin avec sa concision[4]», observai-je pour éviter de contredire formellement mon antiquaire, et je reculai de quelques pas afin de mieux contempler la statue.

390 «Un instant, collègue! dit M. de Peyrehorade en m'arrêtant par le bras, vous n'avez pas tout vu. Il y a encore une autre inscription. Montez sur le socle et regardez au bras droit.»

Notes

1. *Quid dicis, doctissime* : «Qu'en dis-tu, très savant collègue ?» ; formule traditionnelle en latin, employée par les professeurs lors des soutenances de thèse.
2. **latinité** : manière de parler ou d'écrire correctement le latin.

3. **Vulcain** : dieu romain du feu et des forgerons, époux de Vénus. Identifié à l'Héphaïstos grec.
4. **concision** : qualité de ce qui exprime beaucoup de choses en peu de mots.

La Vénus d'Ille de Prosper Mérimée

En parlant ainsi il m'aidait à monter.

Je m'accrochai sans trop de façons au cou de la Vénus, avec
laquelle je commençais à me familiariser. Je la regardai même
un instant *sous le nez*, et la trouvai de près encore plus méchante
et encore plus belle. Puis je reconnus qu'il y avait, gravés sur le
bras, quelques caractères d'écriture cursive[1] antique, à ce qui me
sembla. À grand renfort de besicles[2] j'épelai ce qui suit, et cependant M. de Peyrehorade répétait chaque mot à mesure que
je le prononçais, approuvant du geste et de la voix. Je lus donc :

VENERI TVRBVL…
EVTYCHES MYRO
IMPERIO FECIT.

Après ce mot TVRBVL de la première ligne, il me semblait
qu'il y avait quelques lettres effacées ; mais TVRBVL était parfaitement lisible.

« Ce qui veut dire ?… » me demanda mon hôte radieux et souriant avec malice, car il pensait bien que je ne me tirerais pas
facilement de ce TVRBVL.

« Il y a un mot que je ne m'explique pas encore, lui dis-je ; tout
le reste est facile. Eutychès[3] Myron a fait cette offrande à Vénus
par son ordre.

– À merveille. Mais TVRBVL, qu'en faites-vous ? Qu'est-ce
que TVRBVL ?

– TVRBVL m'embarrasse fort. Je cherche en vain quelque
épithète[4] connue de Vénus qui puisse m'aider. Voyons, que di-
riez-vous de TVRBVLENTA ? Vénus qui trouble, qui agite…
Vous vous apercevez que je suis toujours préoccupé de son expression méchante. TVRBVLENTA, ce n'est point une trop
mauvaise épithète pour Vénus », ajoutai-je d'un ton modeste,
car je n'étais pas moi-même fort satisfait de mon explication.

Notes

1. **écriture cursive** : écriture tracée à main
courante.
2. **besicles** : anciennes lunettes.

3. **Eutychès** : prénom grec qui signifie
« prospère ».
4. **épithète** : qualification attribuée à
un dieu ou à un mortel.

La Vénus d'Ille de Prosper Mérimée

«Vénus turbulente! Vénus la tapageuse! Ah! vous croyez donc que ma Vénus est une Vénus de cabaret? Point du tout, monsieur; c'est une Vénus de bonne compagnie. Mais je vais vous expliquer ce TVRBVL… Au moins vous me promettez de ne point divulguer[1] ma découverte avant l'impression de mon mémoire. C'est que, voyez-vous, je m'en fais gloire, de cette trouvaille-là… Il faut bien que vous nous laissiez quelques épis à glaner, à nous autres pauvres diables de provinciaux. Vous êtes si riches, messieurs les savants de Paris!»

Du haut du piédestal, où j'étais toujours perché, je lui promis solennellement que je n'aurais jamais l'indignité de lui voler sa découverte.

«TVRBVL…, monsieur, dit-il en se rapprochant et baissant la voix de peur qu'un autre que moi ne pût l'entendre, lisez TVRBVLNERÆ.

– Je ne comprends pas davantage.

– Écoutez bien. À une lieue d'ici, au pied de la montagne, il y a un village qui s'appelle Boulternère[2]. C'est une corruption[3] du mot latin TVRBVLNERA. Rien de plus commun que ces inversions. Boulternère, monsieur, a été une ville romaine. Je m'en étais toujours douté, mais jamais je n'en avais eu la preuve. La preuve, la voilà. Cette Vénus était la divinité topique[4] de la cité de Boulternère; et ce mot de Boulternère, que je viens de démontrer d'origine antique, prouve une chose bien plus curieuse, c'est que Boulternère, avant d'être une ville romaine, a été une ville phénicienne!»

Il s'arrêta un moment pour respirer et jouir de ma surprise. Je parvins à réprimer une forte envie de rire.

Notes

1. **divulguer** : rendre public ce qui n'est pas connu de tous.
2. **Boulternère** : village situé à 3 km d'Ille-sur-Têt.
3. **corruption** : altération, déformation.
4. **topique** : locale.

La Vénus d'Ille de Prosper Mérimée

«En effet, poursuivit-il, TVRBVLNERA est pur phénicien, TVR, prononcez TOUR… TOUR et SOUR, même mot, n'est-ce pas ? SOUR est le nom phénicien de Tyr[1] ; je n'ai pas besoin de vous en rappeler le sens. BVL, c'est Baal[2] ; Bâl, Bel, Bul, légères différences de prononciation. Quant à NERA, cela me donne un peu de peine. Je suis tenté de croire, faute de trouver un mot phénicien, que cela vient du grec νηρός[3], humide, marécageux. Ce serait donc un mot hybride[4]. Pour justifier νηρός, je vous montrerai à Boulternère comment les ruisseaux de la montagne y forment des mares infectes. D'autre part, la terminaison NERA aurait pu être ajoutée beaucoup plus tard en l'honneur de Nera Pivesuvia, femme de Tetricus[5], laquelle aurait fait quelque bien à la cité de Turbul. Mais, à cause des mares, je préfère l'étymologie[6] de νηρός.»

Il prit une prise de tabac d'un air satisfait.

«Mais laissons les Phéniciens, et revenons à l'inscription. Je traduis donc : "À Vénus de Boulternère, Myron dédie, par son ordre, cette statue son ouvrage."»

Je me gardai bien de critiquer son étymologie, mais je voulus à mon tour faire preuve de pénétration[7], et je lui dis : «Halte-là, monsieur. Myron a consacré quelque chose, mais je ne vois nullement que ce soit cette statue.

– Comment ! s'écria-t-il. Myron n'était-il pas un fameux sculpteur grec ? Le talent se sera perpétué dans sa famille : c'est un de ses descendants qui aura fait cette statue. Il n'y a rien de plus sûr.

– Mais, répliquai-je, je vois sur le bras un petit trou. Je pense qu'il a servi à fixer quelque chose, un bracelet, par exemple, que

---

Notes

1. **Tyr** : grande ville portuaire de l'ancienne Phénicie.
2. **Baal** : divinité phénicienne majeure.
3. **νηρός** : mot grec, à prononcer *néros*.
4. **hybride** : tiré de deux langues.

5. **Tetricus** : empereur romain d'Occident qui régna de 268 à 273 ap. J.-C.
6. **étymologie** : origine d'un mot.
7. **pénétration** : finesse, vivacité d'esprit.

48 | *La Vénus d'Ille* de Prosper Mérimée

ce Myron donna à Vénus en offrande expiatoire[1]. Myron était
un amant malheureux. Vénus était irritée contre lui : il l'apai-
sa en lui consacrant un bracelet d'or. Remarquez que *fecit*[2] se
prend fort souvent pour *consecravit*[3]. Ce sont termes synonymes.
Je vous en montrerais plus d'un exemple si j'avais sous la main
Gruter[4] ou bien Orelli[5]. Il est naturel qu'un amoureux voie Vénus en rêve, qu'il s'imagine qu'elle lui commande de donner un
bracelet d'or à sa statue. Myron lui consacra un bracelet… Puis
les barbares ou bien quelque voleur sacrilège…

– Ah ! qu'on voit bien que vous avez fait des romans ! s'écria
mon hôte en me donnant la main pour descendre. Non, monsieur, c'est un ouvrage de l'école de Myron. Regardez seulement le travail, et vous en conviendrez. »

M'étant fait une loi de ne jamais contredire à outrance[6] les antiquaires entêtés, je baissai la tête d'un air convaincu en disant :
« C'est un admirable morceau.

– Ah ! mon Dieu, s'écria M. de Peyrehorade, encore un trait
de vandalisme[7] ! On aura jeté une pierre à ma statue ! »

Il venait d'apercevoir une marque blanche un peu au-dessus
du sein de la Vénus. Je remarquai une trace semblable sur les
doigts de la main droite, qui, je le supposai alors, avaient été
touchés dans le trajet de la pierre, ou bien un fragment s'en était
détaché par le choc et avait ricoché[8] sur la main. Je contai à mon
hôte l'insulte dont j'avais été témoin et la prompte punition qui

---

Notes

1. expiatoire : pour expier, c'est-à-dire apaiser la colère divine quand on a commis une faute.
2. *fecit* : latin, « a fait », et par la suite « a consacré ».
3. *consecravit* : latin, « a consacré ».
4. Gruter : philologue hollandais, spécialiste des langues anciennes.

5. Orelli : philologue suisse, spécialiste des langues anciennes et de l'épigraphie (étude et interprétation des inscriptions).
6. outrance : excès.
7. vandalisme : acte de destruction ou de détérioration.
8. avait ricoché : avait rebondi.

La Vénus d'Ille de Prosper Mérimée

s'en était suivie. Il en rit beaucoup, et, comparant l'apprenti à Diomède[1], il lui souhaita de voir, comme le héros grec, tous ses
505 compagnons changés en oiseaux blancs.

Note

1. Diomède : héros de la mythologie grecque, compagnon d'Ulysse, qui avait blessé Aphrodite lors de la guerre de Troie. Dans des récits postérieurs à l'*Iliade*, on retrouve le personnage de Diomède tué par Daunus, tandis qu'Aphrodite, pour se venger, métamorphose ses compagnons en oiseaux blancs.

50 | *La Vénus d'Ille* de Prosper Mérimée

Une discussion entre savants

Questions sur les pages 45 à 50

AVEZ-VOUS BIEN LU ?

1 Quelle est la première inscription en latin signalée par M. de Peyrehorade au narrateur* ?

> *narrateur* : celui qui raconte.

2 Où sont respectivement gravées les deux inscriptions ?

3 Comment le narrateur explique-t-il la présence d'un petit trou sur le bras de la statue ?

ÉTUDIER LE VOCABULAIRE ET LA GRAMMAIRE

4 L'auteur joue sur les mots.
a) Complétez les phrases suivantes :

Lignes 361-362 : « *Que dites-vous de cette inscription, ... ?* »

Ligne 369 : « ...., *défie-toi des amants.* »

Lignes 373-374 : « *Je traduirais donc : "...................... .... si elle t'aime."* »

b) Quel est le même verbe employé dans ces trois phrases ? Dans quelle phrase le verbe n'a-t-il pas exactement le même sens ?

5 « *C'est une terrible langue que le latin avec sa concision* » (l. 386). Que signifie le nom « *concision* » ?

6 L'ambiguïté* est souvent un des effets de la concision. Ainsi, comment peut-on comprendre différemment les compléments de nom suivants :
a) *L'amour de la statue devenait de plus en plus fort.*
b) *On pouvait voir sur leurs visages la peur des ennemis.*

> *ambiguïté* : caractère de ce qui est ambigu dans le langage, qui présente deux ou plusieurs sens possibles.

Questionnaire | 51

7 Ligne 494 : « *C'est un admirable morceau.* » À quelles diverses interprétations peut se prêter cette remarque du narrateur ?

ÉTUDIER LE DISCOURS

Comique de geste et comique de situation

Comique de geste : type de comique créé par les jeux de gestes et de mouvements des personnages (grimace, bataille, coups de bâton…).
Comique de situation : type de comique lié à la situation, à la position, aux circonstances dans lesquelles se trouvent les personnages (quiproquos, malentendus, retournements de situations…).

8 Pour le narrateur, M. de Peyrehorade fait partie de ces « *antiquaires ....* » qu'il a parfois l'occasion de rencontrer. Recopiez l'adjectif manquant.

9 À l'assaut de la statue : une tonalité comique*.   ** comique : qui provoque le rire.*
a) Lignes 395 à 401 : relevez dans ce passage un exemple de comique de geste.
b) Lignes 423 à 434 : relevez dans ce passage un exemple de comique de situation.

ÉTUDIER LA NOUVELLE FANTASTIQUE

10 En grec, ευτυχης, *eutychès*, est un adjectif qui peut signifier « heureux, prospère, qui réussit, fortuné ». À laquelle de ces traductions Mérimée a-t-il pensé pour donner un tel prénom au sculpteur qu'il a imaginé ? Pourquoi ?

11 Quelle nouvelle information sur le narrateur apprend-on par l'intermédiaire de M. de Peyrehorade ? Quelle confusion favorise-t-elle ?

52   *La Vénus d'Ille* de Prosper Mérimée

Étudier un thème : la statue

12 Une statue au double visage : vénéneuse ou vénérable ? Quels sont les caractères de la déesse Vénus mis en avant dans ce passage ?

13 Quel est le personnage qui la vénère aveuglément ?

Étudier la fonction de cet extrait

14 Après le malaise éprouvé lors de la description de la statue, comment ce passage peut-il apaiser le lecteur ?

15 Avec le déchiffrement de l'inscription *« Cave amantem »*, quel est le thème lié à la déesse Vénus qui apparaît de façon explicite pour la première fois dans la nouvelle ?

Lire l'image (p. 54)

16 Quel personnage se trouve au centre de la fresque ? Quelle est son attitude ?

17 Quel aspect de Vénus le peintre a-t-il voulu mettre en évidence ?

Fresque représentant Vénus et Mars,
maison de Pompéi.

La cloche du déjeuner interrompit cet entretien classique, et, de même que la veille, je fus obligé de manger comme quatre. Puis vinrent des fermiers de M. de Peyrehorade ; et pendant qu'il leur donnait audience, son fils me mena voir une calèche[1] qu'il avait achetée à Toulouse pour sa fiancée, et que j'admirai, cela va sans dire. Ensuite j'entrai avec lui dans l'écurie, où il me tint une demi-heure à me vanter ses chevaux, à me faire leur généalogie[2], à me conter les prix qu'ils avaient gagnés aux courses du département. Enfin il en vint à me parler de sa future, par la transition[3] d'une jument grise qu'il lui destinait.

« Nous la verrons aujourd'hui, dit-il. Je ne sais si vous la trouverez jolie. Vous êtes difficiles, à Paris ; mais tout le monde, ici et à Perpignan, la trouve charmante. Le bon, c'est qu'elle est fort riche. Sa tante de Prades[4] lui a laissé son bien. Oh ! je vais être fort heureux. »

Je fus profondément choqué de voir un jeune homme paraître plus touché de la dot[5] que des beaux yeux de sa future.

« Vous vous connaissez en bijoux, poursuivit M. Alphonse, comment trouvez-vous ceci ? Voici l'anneau que je lui donnerai demain. »

En parlant ainsi, il tirait de la première phalange de son petit doigt une grosse bague enrichie de diamants, et formée de deux mains entrelacées ; allusion qui me parut infiniment poétique. Le travail en était ancien, mais je jugeai qu'on l'avait retouchée pour enchâsser[6] les diamants. Dans l'intérieur de la bague se lisaient ces mots en lettres gothiques : *Sempr' ab ti*, c'est-à-dire, toujours avec toi.

« C'est une jolie bague, lui dis-je ; mais ces diamants ajoutés lui ont fait perdre un peu de son caractère.

Notes

1. **calèche** : voiture légère à quatre roues tirée par un ou plusieurs chevaux.
2. **généalogie** : suite d'ancêtres qui établit une filiation.
3. **par la transition** : par le biais.

4. **Prades** : ville des Pyrénées-Orientales.
5. **dot** : biens qu'une femme apporte à l'occasion de son mariage.
6. **enchâsser** : fixer sur un support dans un creux aménagé à cet effet.

La Vénus d'Ille de Prosper Mérimée

535 — Oh! elle est bien plus belle comme cela, répondit-il en souriant. Il y a là pour douze cents francs de diamants. C'est ma
mère qui me l'a donnée. C'était une bague de famille, très ancienne... du temps de la chevalerie. Elle avait servi à ma grand-
mère, qui la tenait de la sienne. Dieu sait quand cela a été fait.
540 — L'usage à Paris, lui dis-je, est de donner un anneau tout
simple, ordinairement composé de deux métaux différents,
comme de l'or et du platine[1]. Tenez, cette autre bague, que
vous avez à ce doigt, serait fort convenable. Celle-ci, avec ses
diamants et ses mains en relief, est si grosse, qu'on ne pourrait
545 mettre un gant par-dessus.

— Oh! madame Alphonse s'arrangera comme elle voudra. Je
crois qu'elle sera toujours bien contente de l'avoir. Douze cents
francs au doigt, c'est agréable. Cette petite bague-là, ajouta-t-il
en regardant d'un air de satisfaction l'anneau tout uni qu'il por-
550 tait à la main, celle-là c'est une femme à Paris qui me l'a donnée
un jour de mardi gras. Ah! comme je m'en suis donné[2] quand
j'étais à Paris, il y a deux ans! C'est là qu'on s'amuse!...» Et il
soupira de regret.

Nous devions dîner ce jour-là à Puygarrig, chez les parents de
555 la future; nous montâmes en calèche, et nous nous rendîmes au
château, éloigné d'Ille d'environ une lieue et demie. Je fus présenté et accueilli comme l'ami de la famille. Je ne parlerai pas du
dîner ni de la conversation qui s'ensuivit, et à laquelle je pris peu
part. M. Alphonse, placé à côté de sa future, lui disait un mot à
560 l'oreille tous les quarts d'heure. Pour elle, elle ne levait guère les
yeux, et, chaque fois que son prétendu lui parlait, elle rougissait
avec modestie, mais lui répondait sans embarras.

Mademoiselle de Puygarrig avait dix-huit ans; sa taille souple
et délicate contrastait avec les formes osseuses de son robuste
565 fiancé. Elle était non seulement belle, mais séduisante. J'admirais

---

Notes

1. **platine :** métal précieux.

2. **je m'en suis donné :** je me suis bien
amusé.

56 | *La Vénus d'Ille* de Prosper Mérimée

le naturel parfait de toutes ses réponses ; et son air de bonté, qui pourtant n'était pas exempt[1] d'une légère teinte de malice, me rappela, malgré moi, la Vénus de mon hôte. Dans cette comparaison que je fis en moi-même, je me demandais si la supériorité de beauté qu'il fallait bien accorder à la statue ne tenait pas, en grande partie, à son expression de tigresse ; car l'énergie, même dans les mauvaises passions, excite toujours en nous un étonnement et une espèce d'admiration involontaire.

« Quel dommage, me dis-je en quittant Puygarrig, qu'une si aimable personne soit riche, et que sa dot la fasse rechercher par un homme indigne d'elle ! »

En revenant à Ille, et ne sachant trop que dire à madame de Peyrehorade, à qui je croyais convenable d'adresser quelquefois la parole :

« Vous êtes bien esprits forts[2] en Roussillon ! m'écriai-je ; comment, madame, vous faites un mariage un vendredi ! À Paris nous aurions plus de superstition ; personne n'oserait prendre femme un tel jour.

– Mon Dieu ! ne m'en parlez pas, me dit-elle, si cela n'avait dépendu que de moi, certes on eût choisi un autre jour. Mais Peyrehorade l'a voulu, et il a fallu lui céder. Cela me fait de la peine pourtant. S'il arrivait quelque malheur ? Il faut bien qu'il y ait une raison, car enfin pourquoi tout le monde a-t-il peur du vendredi ?

– Vendredi ! s'écria son mari, c'est le jour de Vénus ! Bon jour pour un mariage ! Vous le voyez, mon cher collègue, je ne pense qu'à ma Vénus. D'honneur[3] ! c'est à cause d'elle que j'ai choisi le vendredi. Demain, si vous voulez, avant la noce, nous lui

---

Notes

1. **exempt** : dénué, qui manque de.
2. *esprits forts* : personnes qui refusent toute superstition, toute croyance religieuse.

3. **D'honneur** : sur ma parole d'honneur.

La Vénus d'Ille de Prosper Mérimée

ferons un petit sacrifice ; nous sacrifierons deux palombes[1], et si
je savais où trouver de l'encens[2]…

— Fi donc, Peyrehorade ! interrompit sa femme scandalisée au dernier point. Encenser[3] une idole ! Ce serait une abomination ! Que dirait-on de nous dans le pays ?

— Au moins, dit M. de Peyrehorade, tu me permettras de lui mettre sur la tête une couronne de roses et de lis :

Manibus date lilia plenis[4].

Vous le voyez, monsieur, la charte[5] est un vain mot. Nous n'avons pas la liberté des cultes[6] ! »

Les arrangements du lendemain furent réglés de la manière suivante. Tout le monde devait être prêt et en toilette à dix heures précises. Le chocolat pris, on se rendrait en voiture à Puygarrig. Le mariage civil devait se faire à la mairie du village, et la cérémonie religieuse dans la chapelle du château. Viendrait ensuite un déjeuner. Après le déjeuner on passerait le temps comme l'on pourrait jusqu'à sept heures. À sept heures, on retournerait à Ille, chez M. de Peyrehorade, où devaient souper les deux familles réunies. Le reste s'ensuit naturellement. Ne pouvant danser, on avait voulu manger le plus possible.

---

1. **palombes** : pigeons ramiers. La colombe, oiseau consacré à Vénus, est un pigeon à plumage blanc.
2. **encens** : substance résineuse brûlée lors des cérémonies religieuses.
3. **Encenser** : honorer comme pour une idole.
4. *Manibus date lilia plenis* : « *donnez des lis à pleines mains* » (Virgile, *Énéide*, VI, v. 883).
5. **charte** : allusion à la Charte constitutionnelle de 1814 révisée par Louis-Philippe en 1830, qui garantissait une « *égale liberté* » des religions et la « *même protection* » des cultes.
6. Le culte désigne la pratique d'une religion.

La plaine en avant des Pyrénées (détail), tableau de Théodore Rousseau (1844).

La veille des noces

Questions sur les pages 55 à 58

AVEZ-VOUS BIEN LU ?

1) Le fiancé : quel personnage Alphonse évoque-t-il *« par la transition d'une jument grise »* (l. 515) ?

2) Pour quelle raison Alphonse est-il heureux de se marier ?
a) Sa promise a de beaux yeux.
b) Sa fiancée apporte une dot importante.
c) Tout le monde la trouve charmante.

3) Combien de bagues Alphonse porte-t-il et quelle est leur origine respective ?

4) La fiancée : quel âge a Mlle de Puygarrig ?

5) À quelle heure les Peyrehorade et leurs invités doivent-ils se rendre à Puygarrig ? À quelle heure doivent-ils retourner à Ille ?

ÉTUDIER LE VOCABULAIRE ET LA GRAMMAIRE

6) *« Dans l'intérieur de la bague se lisaient ces mots en lettres gothiques : Sempr'ab ti, c'est-à-dire, toujours avec toi »* (l. 530 à 532).
a) Quel est le sujet de la forme verbale *« se lisaient »* ? Où est-il placé ? Quel est l'effet ainsi produit ?
b) Que fait l'auteur pour maintenir l'intérêt du lecteur sur la signification de cette inscription ?

7) Souvenez-vous et complétez la phrase suivante : *« Ici, au contraire, j'observais avec surprise l'intention marquée de l'artiste de rendre la malice arrivant jusqu'à la .... »* (l. 334 à 336).
a) De qui le narrateur* parlait-il ?

> ** narrateur : celui qui raconte.*

60 | *La Vénus d'Ille* de Prosper Mérimée

b) À quel terme le mot *« malice »* était-il associé alors ? Est-ce le cas dans le portrait de Mlle de Puygarrig ?

8 Ligne 594 : quelles sont les différentes significations du mot *« sacrifice »* ?

ÉTUDIER LE DISCOURS

9 Quand il évoque Mlle de Puygarrig, Alphonse parle-t-il de ses propres sentiments ? Que pouvez-vous en conclure ?

10 Dans son discours sur la jeune fille comme sur la bague, quels sont, plus que la valeur esthétique, les véritables motifs de contentement d'Alphonse ?

ÉTUDIER LA NOUVELLE FANTASTIQUE

11 Dans le dialogue qui oppose Mme et M. de Peyrehorade, quelles sont les deux sources de conflit ? À qui est-il fait constamment allusion ?

12 En quoi ce qui est dit par l'un et par l'autre peut-il être inquiétant pour l'avenir ?

ÉTUDIER UN THÈME : LA STATUE

13 Quel personnage apparaît pour la première fois ?

14 Dans le portrait qu'en fait le narrateur, relevez le terme qui est l'exact antonyme* de celui qui avait été employé pour qualifier l'expression de la Vénus.

> ** antonyme :* contraire.

15 Quelles expressions du narrateur semblent indiquer que la comparaison entre les deux figures féminines s'impose à lui sans qu'il le veuille ?

16 En faveur de laquelle des deux figures féminines la comparaison s'établit-elle ? Pourquoi ?

ÉTUDIER L'ÉCRITURE

17 Par quels commentaires ironiques* le narrateur exprime-t-il ses sentiments à l'égard d'Alphonse ?

ÉTUDIER LA FONCTION
DU PASSAGE

18 En quoi la caractérisation* de M. Alphonse et le portrait de Mlle de Puygarrig préparent-ils la suite de la nouvelle ?

> * *ironique* : du grec *eirôneia*, « action d'interroger en feignant l'ignorance », manière de se moquer en disant le contraire de ce que l'on veut faire croire.
>
> * *caractérisation* : ce qui énonce les qualités ou les propriétés d'un être ou d'un objet.

À VOS PLUMES !

19 Un professeur rend un contrôle à un élève qui n'a pas appris sa leçon. Parmi ces trois propositions, retrouvez le commentaire ironique et complétez-le...

a) *Une fois de plus, tu n'as pas fait ton travail...*
b) *Tu t'es surpassé(e). Bravo !...*
c) *Ne te décourage pas. J'espère que c'est un accident...*

LIRE L'IMAGE

20 Montrez comment le portrait de jeune fille ci-contre, dessiné par Ingres, comme celui de Mlle de Puygarrig, correspond à l'image idéale de la jeune fille au XIXᵉ siècle.

Jeune fille, dessin d'Ingres (1780-1867).

Dès huit heures j'étais assis devant la Vénus, un crayon à la main, recommençant pour la vingtième fois la tête de la statue, sans pouvoir parvenir à en saisir l'expression. M. de Peyrehorade allait et venait autour de moi, me donnait des conseils, me répétait ses étymologies phéniciennes ; puis disposait des roses du Bengale[1] sur le piédestal de la statue, et d'un ton tragi-comique lui adressait des vœux pour le couple qui allait vivre sous son toit. Vers neuf heures il rentra pour songer à sa toilette, et en même temps parut M. Alphonse, bien serré dans un habit neuf, en gants blancs, souliers vernis, boutons ciselés, une rose à la boutonnière[2].

« Vous ferez le portrait de ma femme ? me dit-il en se penchant sur mon dessin. Elle est jolie aussi. »

En ce moment commençait, sur le jeu de paume dont j'ai parlé, une partie qui, sur-le-champ, attira l'attention de M. Alphonse. Et moi, fatigué, et désespérant de rendre cette diabolique figure, je quittai bientôt mon dessin pour regarder les joueurs. Il y avait parmi eux quelques muletiers espagnols arrivés de la veille. C'étaient des Aragonais[3] et des Navarrois[4], presque tous d'une adresse merveilleuse. Aussi les Illois, bien qu'encouragés par la présence et les conseils de M. Alphonse, furent-ils assez promptement battus par ces nouveaux champions. Les spectateurs nationaux étaient consternés. M. Alphonse regarda à sa montre. Il n'était encore que neuf heures et demie. Sa mère n'était pas coiffée. Il n'hésita plus ; il ôta son habit, demanda une veste, et défia les Espagnols. Je le regardais faire en souriant, et un peu surpris.

Notes

1. **roses du Bengale :** variété de roses qui refleurit en permanence et qui fut introduite en France au XVIIIe siècle.
2. **rose à la boutonnière :** on se rappelle que la rose est la fleur traditionnellement consacrée à Vénus, car elle représente à la fois la pureté et l'amour.

3. **Aragonais :** habitant de l'Aragon, région du nord de l'Espagne limitrophe de la France.
4. **Navarrois :** habitant de la Navarre, région d'Espagne.

«Il faut soutenir l'honneur du pays», dit-il.

Alors je le trouvai vraiment beau. Il était passionné. Sa toilette, qui l'occupait si fort tout à l'heure, n'était plus rien pour lui. Quelques minutes avant il eût craint de tourner la tête de
645 peur de déranger sa cravate. Maintenant il ne pensait plus à ses cheveux frisés ni à son jabot[1] si bien plissé. Et sa fiancée?... Ma foi, si cela eût été nécessaire, il aurait, je crois, fait ajourner[2] le mariage. Je le vis chausser à la hâte une paire de sandales, retrousser ses manches, et, d'un air assuré, se mettre à la tête du
650 parti vaincu, comme César ralliant ses soldats à Dyrrachium[3]. Je sautai la haie, et me plaçai commodément à l'ombre d'un micocoulier[4], de façon à bien voir les deux camps.

Contre l'attente générale, M. Alphonse manqua la première balle; il est vrai qu'elle vint rasant la terre et lancée avec une
655 force surprenante par un Aragonais qui paraissait être le chef des Espagnols.

C'était un homme d'une quarantaine d'années, sec et nerveux, haut de six pieds, et sa peau olivâtre avait une teinte presque aussi foncée que le bronze de la Vénus.
660 M. Alphonse jeta sa raquette à terre avec fureur.

«C'est cette maudite bague, s'écria-t-il, qui me serre le doigt, et me fait manquer une balle sûre!»

Il ôta, non sans peine, sa bague de diamants : je m'approchais pour la recevoir; mais il me prévint[5], courut à la Vénus, lui
665 passa la bague au doigt annulaire, et reprit son poste à la tête des Illois.

Il était pâle, mais calme et résolu. Dès lors il ne fit plus une seule faute, et les Espagnols furent battus complètement. Ce fut un beau spectacle que l'enthousiasme des spectateurs : les uns

---

Notes

1. **jabot :** plissé de dentelle ornant le devant d'une chemise.
2. **ajourner :** renvoyer à une date ultérieure.

3. **Dyrrachium :** ville d'Illyrie (Albanie actuelle) où César fut battu par Pompée en 48 av. J.-C.
4. **micocoulier :** arbre, sorte d'orme.
5. **il me prévint :** il me devança.

La Vénus d'Ille de Prosper Mérimée

670 poussaient mille cris de joie en jetant leurs bonnets en l'air ;
d'autres lui serraient les mains, l'appelant l'honneur du pays. S'il
eût repoussé une invasion, je doute qu'il eût reçu des félicita-
tions plus vives et plus sincères. Le chagrin des vaincus ajoutait
encore à l'éclat de sa victoire.

675 «Nous ferons d'autres parties, mon brave, dit-il à l'Aragonais
d'un ton de supériorité ; mais je vous rendrai des points[1]. »

J'aurais désiré que M. Alphonse fût plus modeste, et je fus
presque peiné de l'humiliation de son rival.

Le géant espagnol ressentit profondément cette insulte. Je le
680 vis pâlir sous sa peau basanée[2]. Il regardait d'un air morne[3] sa
raquette en serrant les dents ; puis, d'une voix étouffée, il dit
tout bas : *Me lo pagarás*[4].

La voix de M. de Peyrehorade troubla le triomphe de son
fils ; mon hôte, fort étonné de ne point le trouver présidant aux
685 apprêts de la calèche neuve, le fut bien plus encore en le voyant
tout en sueur, la raquette à la main. M. Alphonse courut à la
maison, se lava la figure et les mains, remit son habit neuf et
ses souliers vernis, et cinq minutes après nous étions au grand
trot sur la route de Puygarrig. Tous les joueurs de paume de la
690 ville et grand nombre de spectateurs nous suivirent avec des
cris de joie. À peine les chevaux vigoureux qui nous traînaient
pouvaient-ils maintenir leur avance sur ces intrépides Catalans.

Notes

1. mais je vous rendrai des points :
mais je vous donnerai des points d'avance
(pour vous laisser un avantage, puisque
vous êtes plus faible).

2. basanée : hâlée, bronzée.

3. morne : abattu, triste.

4. *Me lo pagarás* : en espagnol,
signifie « Tu me le paieras ».

La partie de jeu de paume

Questions sur les pages 64 à 66

Avez-vous bien lu ?

1 Quel est le jour de la semaine où se situe ce passage ?

2 En vous reportant aux indications temporelles données par le narrateur*, dites combien de temps dure approximativement la partie de jeu de paume engagée par Alphonse.

> *narrateur* : celui qui raconte.

3 Où s'installe le narrateur afin de mieux voir la partie de jeu ?

Étudier le vocabulaire et la grammaire

4 Quel est l'adjectif employé par Alphonse pour qualifier sa bague ? Quelle double signification peut-il avoir ?

5 Lignes 664-665 : *« mais il me prévint, courut à la Vénus, lui passa la bague au doigt annulaire [...] »*. Qu'est-ce qu'un *« doigt annulaire »* ? Dans le registre courant, que signifie l'expression « Passer la bague au doigt » ? Aidez-vous d'un dictionnaire.

6 Ligne 679 : *« Le géant espagnol »*. Par quelle figure de style* le narrateur désigne-t-il l'Aragonais ? Sur quel aspect insiste-t-il ?

> *figure de style* : procédé qui consiste à rendre le langage plus expressif, pour mieux frapper l'imagination.

7 Quel est le temps employé par le joueur aragonais lorsqu'il dit : *« Me lo pagarás »* (l. 682) ? Quelle peut être ici la valeur de ce temps ?

Étudier le discours

8 L'impossible dessin... Relevez les expressions qui soulignent la difficulté du narrateur à dessiner le visage de la Vénus (l. 614 à 630).

Questionnaire | 67

9 Comment cette difficulté peut-elle s'expliquer?

10 Quand le narrateur avait décrit la statue, était-il parvenu à être plus précis sur l'expression de son visage?

ÉTUDIER LA NOUVELLE FANTASTIQUE

11 Quelles sont les deux explications de la victoire au jeu d'Alphonse que laisse entrevoir le narrateur?

12 En quoi le portrait de l'Aragonais rappelle-t-il celui de la statue?

ÉTUDIER UN THÈME : LA STATUE

13 Par quelle formule Alphonse établit-il un lien entre la statue de Vénus et sa future femme?

14 Chacun des quatre personnages principaux de ce passage est relié par l'auteur à la Vénus. Dites de quelle façon pour chacun d'entre eux.

ÉTUDIER L'ÉCRITURE

15 Lignes 642 et suivantes : montrez, après en avoir fait un relevé, que le jeu des oppositions temporelles insiste sur la métamorphose* d'Alphonse.

* métamorphose : transformation, changement de forme, de nature ou de structure.

ÉTUDIER LA FONCTION DE CET EXTRAIT

16 Lignes 646 à 648 : «*Et sa fiancée?... Ma foi, si cela eût été nécessaire, il aurait, je crois, fait ajourner le mariage.*»
À quelle autre «figure féminine» Alphonse a-t-il, en apparence ou symboliquement, engagé sa foi?

À VOS PLUMES !

Les types de plans cinématographiques

Plan général : le cadre et les personnages sont vus de loin.
Plan moyen : les personnages sont cadrés en pied.
Plan rapproché : le personnage est cadré à la taille ou à la poitrine.
Gros plan : seule une partie du cadre ou des personnages est montrée en gros.

17 En quelques lignes et en vous inspirant du procédé de Mérimée, décrivez la transformation d'un camarade avant/après un résultat d'examen.

18 Si vous deviez filmer la partie de jeu de paume (l. 653 à 671), quels plans (plan général, plan moyen, plan rapproché, gros plan) choisiriez-vous pour marquer les différentes étapes du récit ?

Questionnaire | 69

Nous étions à Puygarrig, et le cortège allait se mettre en marche pour la mairie, lorsque M. Alphonse, se frappant le front, me dit tout bas :

«Quelle brioche[1]! J'ai oublié la bague! Elle est au doigt de la Vénus, que le diable puisse emporter! Ne le dites pas à ma mère au moins. Peut-être qu'elle ne s'apercevra de rien.

– Vous pourriez envoyer quelqu'un, lui dis-je.

– Bah! mon domestique est resté à Ille. Ceux-ci, je ne m'y fie guère[2]. Douze cents francs de diamants! cela pourrait en tenter plus d'un. D'ailleurs que penserait-on ici de ma distraction? Ils se moqueraient trop de moi. Il m'appelleraient le mari de la statue… Pourvu qu'on ne me la vole pas! Heureusement que l'idole fait peur à mes coquins. Ils n'osent l'approcher à longueur de bras. Bah! ce n'est rien; j'ai une autre bague.»

Les deux cérémonies civile et religieuse s'accomplirent avec la pompe[3] convenable; et mademoiselle de Puygarrig reçut l'anneau d'une modiste[4] de Paris, sans se douter que son fiancé lui faisait le sacrifice d'un gage[5] amoureux. Puis on se mit à table, où l'on but, mangea, chanta même, le tout fort longuement. Je souffrais pour la mariée de la grosse joie qui éclatait autour d'elle; pourtant elle faisait meilleure contenance que je ne l'aurais espéré, et son embarras n'était ni de la gaucherie ni de l'affectation[6].

Peut-être le courage vient-il avec les situations difficiles. Le déjeuner terminé quand il plut à Dieu, il était quatre heures; les hommes allèrent se promener dans le parc, qui était magnifique, ou regardèrent danser sur la pelouse du château les paysannes de Puygarrig, parées de leurs habits de fête. De la sorte, nous em-

---

Notes

1. **Quelle brioche** : quelle bévue, quelle erreur grossière (expression à la mode chez les dandys du XIXe siècle).
2. **je ne m'y fie guère** : je ne leur fais pas confiance.
3. **pompe** : faste, cérémonial somptueux.

4. **modiste** : personne qui confectionne ou qui vend des articles de mode, des chapeaux de femme.
5. **gage** : preuve, témoignage.
6. **affectation** : manque de naturel, de simplicité.

ployâmes quelques heures. Cependant les femmes étaient fort empressées autour de la mariée, qui leur faisait admirer sa corbeille[1]. Puis elle changea de toilette, et je remarquai qu'elle couvrit ses beaux cheveux d'un bonnet et d'un chapeau à plumes, car les femmes n'ont rien de plus pressé que de prendre, aussitôt qu'elles le peuvent, les parures que l'usage leur défend de porter quand elles sont encore demoiselles.

Il était près de huit heures quand on se disposa à partir pour Ille. Mais d'abord eut lieu une scène pathétique[2]. La tante de mademoiselle Puygarrig, qui lui servait de mère, femme très âgée et fort dévote[3], ne devait point aller avec nous à la ville. Au départ, elle fit à sa nièce un sermon touchant sur ses devoirs d'épouse, duquel sermon résulta un torrent de larmes et des embrassements sans fin. M. de Peyrehorade comparait cette séparation à l'enlèvement des Sabines[4]. Nous partîmes pourtant, et, pendant la route, chacun s'évertua pour distraire la mariée et la faire rire ; mais ce fut en vain.

À Ille, le souper nous attendait, et quel souper ! Si la grosse joie du matin m'avait choqué, je le fus bien davantage des équivoques[5] et des plaisanteries dont le marié et la mariée surtout furent l'objet. Le marié, qui avait disparu un instant avant de se mettre à table, était pâle et d'un sérieux de glace. Il buvait à chaque instant du vieux vin de Collioure[6] presque aussi fort que de l'eau-de-vie. J'étais à côté de lui, et me crus obligé de l'avertir :

« Prenez garde ! on dit que le vin… »

Notes

1. **corbeille** : ensemble des présents offerts aux mariés et mis autrefois dans une corbeille.
2. **pathétique** : très émouvante.
3. **dévote** : pieuse, très croyante.
4. **l'enlèvement des Sabines** : Romulus et ses compagnons, après la fondation de Rome, n'ayant pas de femmes, enlevèrent

les Sabines – jeunes filles d'un peuple voisin du Latium – pour les épouser (*cf.* le tableau de Nicolas Poussin, p. 72).
5. **équivoques** : propos susceptibles d'offrir plusieurs sens.
6. **Collioure** : ville des Pyrénées-Orientales, réputée pour ses vins.

La Vénus d'Ille de Prosper Mérimée

Nicolas Poussin, *L'Enlèvement des Sabines* (1634-1635).

Je ne sais quelle sottise je lui dis pour me mettre à l'unisson des convives.

Il me poussa le genou, et très bas il me dit :

750 « Quand on se lèvera de table…, que je puisse vous dire deux mots. »

Son ton solennel me surprit. Je le regardai plus attentivement, et je remarquai l'étrange altération[1] de ses traits.

« Vous sentez-vous indisposé ? lui demandai-je.

755 — Non. »

Et il se remit à boire.

Cependant, au milieu des cris et des battements de mains, un enfant de onze ans, qui s'était glissé sous la table, montrait aux assistants un joli ruban blanc et rose qu'il venait de détacher

760 de la cheville de la mariée. On appelle cela sa jarretière[2]. Elle fut aussitôt coupée par morceaux et distribuée aux jeunes gens, qui en ornèrent leur boutonnière, suivant un antique usage qui se conserve encore dans quelques familles patriarcales[3]. Ce fut pour la mariée une occasion de rougir jusqu'au blanc des

765 yeux… Mais son trouble fut au comble lorsque M. de Peyrehorade, ayant réclamé le silence, lui chanta quelques vers catalans, impromptus[4], disait-il. En voici le sens, si je l'ai bien compris :

« Qu'est-ce donc, mes amis ? Le vin que j'ai bu me fait-il voir double ? Il y a deux Vénus ici… »

770 Le marié tourna brusquement la tête d'un air effaré, qui fit rire tout le monde.

« Oui, poursuivit M. de Peyrehorade, il y a deux Vénus sous mon toit. L'une, je l'ai trouvée dans la terre comme une truffe ; l'autre, descendue des cieux, vient de nous partager sa cein-

775 ture. »

Il voulait dire sa jarretière.

Notes

1. **altération** : modification, changement.
2. **jarretière** : ruban maintenant le bas sur la jambe.

3. **patriarcales** : qui rappellent les anciens patriarches et la simplicité de leurs mœurs.
4. **impromptus** : improvisés.

La Vénus d'Ille de Prosper Mérimée | 73

«Mon fils, choisis de la Vénus romaine ou de la catalane celle que tu préfères. Le maraud prend la catalane, et sa part est la meilleure. La romaine est noire, la catalane est blanche. La romaine est froide, la catalane enflamme tout ce qui l'approche.»

Cette chute[1] excita un tel hourra, des applaudissements si bruyants et des rires si sonores, que je crus que le plafond allait nous tomber sur la tête. Autour de la table il n'y avait que trois visages sérieux, ceux des mariés et le mien. J'avais un grand mal de tête ; et puis, je ne sais pourquoi, un mariage m'attriste toujours. Celui-là, en outre, me dégoûtait un peu.

Les derniers couplets ayant été chantés par l'adjoint du maire, et ils étaient fort lestes[2], je dois le dire, on passa dans le salon pour jouir du départ de la mariée, qui devait être bientôt conduite à sa chambre, car il était près de minuit.

M. Alphonse me tira dans l'embrasure[3] d'une fenêtre, et me dit en détournant les yeux :

«Vous allez vous moquer de moi… Mais je ne sais ce que j'ai… je suis ensorcelé ! le diable m'emporte !»

La première pensée qui me vint fut qu'il se croyait menacé de quelque malheur du genre[4] de ceux dont parlent Montaigne et madame de Sévigné :

«Tout l'empire amoureux est plein d'histoires tragique», etc.

Je croyais que ces sortes d'accidents n'arrivaient qu'aux gens d'esprit, me dis-je à moi-même.

«Vous avez trop bu de vin de Collioure, mon cher monsieur Alphonse, lui dis-je. Je vous avais prévenu.

Notes

1. **chute** : formule brillante qui termine un texte (discours, poème, histoire drôle ou chanson).
2. **lestes** : osés, qui offensent la pudeur.
3. **embrasure** : ouverture pratiquée dans un mur pour y placer une porte ou une fenêtre.

4. **quelque malheur du genre** : l'impossibilité d'accomplir son devoir conjugal… La citation est empruntée à Mme de Sévigné (lettre à sa fille, Mme de Grignan, 8 avril 1671).

– Oui, peut-être. Mais c'est quelque chose de bien plus terrible. »

805 Il avait la voix entrecoupée. Je le crus tout à fait ivre.

« Vous savez bien, mon anneau ? poursuivit-il après un silence.

– Eh bien ! on l'a pris ?

– Non.

– En ce cas, vous l'avez ?

810 – Non… je… je ne puis l'ôter du doigt de cette diable de Vénus.

– Bon ! vous n'avez pas tiré assez fort.

– Si fait… Mais la Vénus… elle a serré le doigt. »

Il me regardait fixement d'un air hagard, s'appuyant à l'espagnolette[1] pour ne pas tomber.

815

« Quel conte ! lui dis-je. Vous avez trop enfoncé l'anneau. Demain vous l'aurez avec des tenailles. Mais prenez garde de gâter la statue.

– Non, vous dis-je. Le doigt de la Vénus est retiré, reployé ;
820 elle serre la main, m'entendez-vous ?… C'est ma femme, apparemment, puisque je lui ai donné mon anneau… Elle ne veut plus le rendre. »

J'éprouvai un frisson subit, et j'eus un instant la chair de poule. Puis, un grand soupir qu'il fit m'envoya une bouffée de vin, et
825 toute émotion disparut.

Le misérable, pensai-je, est complètement ivre.

« Vous êtes antiquaire, monsieur, ajouta le marié d'un ton lamentable ; vous connaissez ces statues-là… Il y a peut-être quelque ressort, quelque diablerie[2], que je ne connais point…
830 Si vous alliez voir ?

– Volontiers, dis-je. Venez avec moi.

– Non, j'aime mieux que vous y alliez seul. »

Je sortis du salon.

Notes

1. espagnolette : système à poignée tournante servant à fermer les fenêtres.

2. diablerie : mécanisme ou machination diabolique.

La Vénus d'Ille de Prosper Mérimée | 75

Les noces
Questions sur les pages 70 à 75

Avez-vous bien lu ?

1 Pourquoi Alphonse n'envoie-t-il pas un domestique chercher la bague qu'il a oubliée à Ille ?
a) Il craint qu'on l'appelle « le mari de la statue ».
b) Ses serviteurs auraient peur de la statue.
c) Ille est trop éloignée de Puygarrig.
d) Il n'a pas confiance dans les domestiques de Puygarrig.

2 Lignes 707 à 710 : quel sacrifice Alphonse fait-il à sa fiancée ?

3 Ligne 728-729 : l'emploi du temps défini la veille a-t-il été respecté ?

4 Quel lieu écarté Alphonse choisit-il pour raconter au narrateur* ce qu'il a vécu ?

> * *narrateur :* celui qui raconte.

a) la salle à manger.
b) un coin à l'écart près d'une fenêtre du salon.
c) le jardin où se trouve la Vénus.

Étudier le vocabulaire et la grammaire

5 Lignes 716 et 725 à 727 : à l'intérieur de ce récit au passé, quel est le temps employé dans ces deux phrases ? Quelle est sa valeur ?

6 Lignes 728 à 737 : « *Il était près de huit heures* […] *en vain.* » Relevez les termes qui justifient l'emploi de l'adjectif « *pathétique** » par le narrateur pour qualifier cette scène.

> * *pathétique :* adj., qui émeut vivement ; n. m., expression de ce qui est propre à émouvoir fortement.

76 | *La Vénus d'Ille* de Prosper Mérimée

7 Après avoir relevé les indications données par le narrateur sur le visage d'Alphonse, dites quels sont les deux champs lexicaux* prédominants.

*champs lexicaux : ensembles des mots se rapportant à un même thème.

8 Cherchez dans un dictionnaire le sens et l'étymologie du mot « *altération* » (l. 753).

ÉTUDIER LE DISCOURS

La double énonciation

Quand on rapporte les paroles d'un personnage, le dialogue est contenu dans le récit. L'énonciation est donc double : l'énoncé du narrateur et celui du personnage.

9 Lignes 741-742 : « *Le marié, qui avait disparu un instant avant de se mettre à table, était pâle et d'un sérieux de glace.* » Quels sont les deux temps employés dans cette phrase ? Quel est le rapport qui s'établit entre les deux ?

10 Où était allé Alphonse ? Peut-on, en partie, combler cette ellipse narrative* ?

*ellipse narrative : un événement inscrit dans le cadre chronologique de la fiction n'est pas raconté.

11 La double énonciation : qui relate, pour les avoir vécus, les événements relatifs à cette ellipse ? à quel destinataire privilégié ?

ÉTUDIER LA NOUVELLE FANTASTIQUE

12 Comment s'explique la métamorphose d'Alphonse ?

13 Quelles sont les deux Vénus ? Montrez sous forme de tableau comment M. de Peyrehorade les oppose.

14 À quelle figure maléfique Alphonse associe-t-il constamment la Vénus ?

Questionnaire | 77

ÉTUDIER UN THÈME : LA STATUE

15 Qu'est-ce qui prouve, dans les propos d'Alphonse, qu'il considère la statue comme un être doué de vie ?

16 Pourquoi Alphonse ne peut-il pas récupérer sa bague ? Quelles sont les interprétations d'Alphonse et quelles sont celles du narrateur ?

17 Quelles sont les réactions du narrateur par rapport au « conte » du jeune marié ? Reste-t-il insensible jusqu'au bout ?

ÉTUDIER LA FONCTION DE L'EXTRAIT

18 Pour quelles raisons différentes trois personnages offrent-ils des « *visages sérieux* » (l. 784) au milieu des rires des convives ?

19 Que semble annoncer cette gravité à ce moment du déroulement dramatique ?

LIRE L'IMAGE (P. 72)

20 Quelle impression générale se dégage du tableau *L'Enlèvement des Sabines* par Poussin ? Trouvez-vous la réflexion de M. de Peyrehorade bien venue ?

À VOS PLUMES !

21 Un objet a bougé dans votre chambre alors que vous vous croyez seul(e) : hallucination, blague d'un copain ou révolte de la matière ? Sous la forme d'un dialogue rapide, vous racontez l'épisode à votre meilleur(e) ami(e) qui justement vient d'arriver.

Le temps avait changé pendant le souper, et la pluie commençait à tomber avec force. J'allais demander un parapluie, lorsqu'une réflexion m'arrêta. Je serais un bien grand sot, me dis-je, d'aller vérifier ce que m'a dit un homme ivre ! Peut-être, d'ailleurs, a-t-il voulu me faire quelque méchante plaisanterie pour apprêter à rire à ces honnêtes provinciaux ; et le moins qu'il puisse m'en arriver, c'est d'être trempé jusqu'aux os et d'attraper un bon rhume.

De la porte je jetai un coup d'œil sur la statue ruisselante d'eau, et je montai dans ma chambre sans rentrer dans le salon. Je me couchai ; mais le sommeil fut long à venir. Toutes les scènes de la journée se représentaient à mon esprit. Je pensais à cette jeune fille si belle et si pure abandonnée à un ivrogne brutal. Quelle odieuse chose, me disais-je, qu'un mariage de convenance[1] ! Un maire revêt une écharpe tricolore, un curé une étole, et voilà la plus honnête fille du monde livrée au Minotaure[2] ! Deux êtres qui ne s'aiment pas, que peuvent-ils se dire dans un pareil moment, que deux amants achèteraient au prix de leur existence ? Une femme peut-elle jamais aimer un homme qu'elle aura vu grossier une fois ? Les premières impressions ne s'effacent pas, et j'en suis sûr, ce M. Alphonse méritera bien d'être haï…

Durant mon monologue, que j'abrège beaucoup, j'avais entendu force allées et venues dans la maison, les portes s'ouvrir et se fermer, des voitures partir ; puis il me semblait avoir entendu sur l'escalier les pas légers de plusieurs femmes se dirigeant vers l'extrémité du corridor opposé à ma chambre. C'était probablement le cortège de la mariée qu'on menait au lit. Ensuite on avait redescendu l'escalier. La porte de madame de Peyrehorade s'était fermée. Que cette pauvre fille, me dis-je, doit

---

Notes

1. mariage de convenance : mariage de raison.
2. Minotaure : monstre au corps d'homme et à la tête de taureau, né de Pasiphaé, reine de Crète, et d'un taureau. Le roi Minos l'avait fait enfermer dans un labyrinthe conçu par Dédale. Chaque année sept garçons et sept filles d'Athènes devaient lui être livrés en pâture.

La Vénus d'Ille de Prosper Mérimée

être troublée et mal à son aise! Je me tournais dans mon lit de mauvaise humeur. Un garçon[1] joue un sot rôle dans une maison où s'accomplit un mariage.

Le silence régnait depuis quelque temps lorsqu'il fut troublé par des pas lourds qui montaient l'escalier. Les marches de bois craquèrent fortement.

«Quel butor[2]! m'écriai-je. Je parie qu'il va tomber dans l'escalier.»

Tout redevint tranquille. Je pris un livre pour changer le cours de mes idées. C'était une statistique du département, ornée d'un mémoire de M. de Peyrehorade sur les monuments druidiques[3] de l'arrondissement de Prades. Je m'assoupis à la troisième page.

Je dormis mal et me réveillai plusieurs fois. Il pouvait être cinq heures du matin, et j'étais éveillé depuis plus de vingt minutes lorsque le coq chanta. Le jour allait se lever. Alors j'entendis distinctement les mêmes pas lourds, le même craquement de l'escalier que j'avais entendus avant de m'endormir. Cela me parut singulier[4]. J'essayai, en bâillant, de deviner pourquoi M. Alphonse se levait si matin. Je n'imaginais rien de vraisemblable. J'allais refermer les yeux lorsque mon attention fut de nouveau excitée par des trépignements étranges auxquels se mêlèrent bientôt le tintement des sonnettes et le bruit de portes qui s'ouvraient avec fracas, puis je distinguai des cris confus.

Mon ivrogne aura mis le feu quelque part! pensais-je en sautant à bas de mon lit.

Je m'habillai rapidement et j'entrai dans le corridor. De l'extrémité opposée partaient des cris et des lamentations, et une voix déchirante dominait toutes les autres : «Mon fils! mon fils!» Il était évident qu'un malheur était arrivé à M. Alphonse.

Notes

1. garçon : célibataire.
2. butor : homme grossier (par allusion au cri de cet oiseau qui est une sorte de beuglement puissant).

3. druidiques : relatifs aux druides; sans doute s'agit-il de menhirs ou de dolmens gaulois.
4. singulier : étonnant, étrange.

La Vénus d'Ille de Prosper Mérimée

Je courus à la chambre nuptiale : elle était pleine de monde. Le premier spectacle qui frappa ma vue fut le jeune homme à demi vêtu, étendu en travers sur le lit dont le bois était brisé. Il était livide[1], sans mouvement. Sa mère pleurait et criait à côté de lui. M. de Peyrehorade s'agitait, lui frottait les tempes avec de l'eau de Cologne ou lui mettait des sels[2] sous le nez. Hélas ! depuis longtemps son fils était mort. Sur un canapé, à l'autre bout de la chambre, était la mariée, en proie à d'horribles convulsions. Elle poussait des cris inarticulés, et deux robustes servantes avaient toutes les peines du monde à la contenir.

« Mon Dieu ! m'écriai-je, qu'est-il donc arrivé ? »

Je m'approchai du lit et soulevai le corps du malheureux jeune homme ; il était déjà raide et froid. Ses dents serrées et sa figure noircie exprimaient les plus affreuses angoisses. Il paraissait assez que sa mort avait été violente et son agonie[3] terrible. Nulle trace de sang cependant sur ses habits. J'écartai sa chemise et vis sur sa poitrine une empreinte livide qui se prolongeait sur les côtes et le dos. On eût dit qu'il avait été étreint dans un cercle de fer. Mon pied posa sur quelque chose de dur qui se trouvait sur le tapis ; je me baissai et vis la bague de diamants.

J'entraînai M. de Peyrehorade et sa femme dans leur chambre ; puis j'y fis porter la mariée. « Vous avez encore une fille, leur dis-je, vous lui devez vos soins. » Alors je les laissai seuls.

Il ne me paraissait pas douteux que M. Alphonse n'eût été victime d'un assassinat dont les auteurs avaient trouvé moyen de s'introduire la nuit dans la chambre de la mariée. Ces meurtrissures à la poitrine, leur direction circulaire m'embarrassaient beaucoup pourtant, car un bâton ou une barre de fer n'aurait pu les produire. Tout d'un coup je me souvins d'avoir entendu

Notes
1. **livide** : très pâle.
2. **sels** : sels volatils qu'on donnait autrefois à une personne évanouie pour la ranimer.
3. **agonie** : période de transition entre la vie et la mort.

La Vénus d'Ille de Prosper Mérimée | 81

dire qu'à Valence[1] des braves[2] se servaient de longs sacs de cuir remplis de sable fin pour assommer les gens dont on leur avait payé la mort. Aussitôt je me rappelai le muletier aragonais et sa menace ; toutefois j'osais à peine penser qu'il eût tiré une si
925 terrible vengeance d'une plaisanterie légère.

J'allais dans la maison, cherchant partout des traces d'effraction, et n'en trouvant nulle part. Je descendis dans le jardin pour voir si les assassins avaient pu s'introduire de ce côté ; mais je ne trouvai aucun indice certain. La pluie de la veille avait
930 d'ailleurs tellement détrempé le sol, qu'il n'aurait pu garder d'empreinte bien nette. J'observai pourtant quelques pas profondément imprimés dans la terre ; il y en avait dans deux directions contraires, mais sur une même ligne, partant de l'angle de la haie contiguë[3] au jeu de paume et aboutissant à la porte de
935 la maison. Ce pouvaient être les pas de M. Alphonse lorsqu'il était allé chercher son anneau au doigt de la statue. D'un autre côté, la haie, en cet endroit, étant moins fourrée qu'ailleurs, ce devait être sur ce point que les meurtriers l'auraient franchie. Passant et repassant devant la statue, je m'arrêtai un instant pour
940 la considérer. Cette fois, je l'avouerai, je ne pus contempler sans effroi son expression de méchanceté ironique ; et, la tête toute pleine des scènes horribles dont je venais d'être le témoin, il me sembla voir une divinité infernale applaudissant au malheur qui frappait cette maison.

945 Je regagnai ma chambre et j'y restai jusqu'à midi. Alors je sortis et demandai des nouvelles de mes hôtes. Ils étaient un peu plus calmes. Mademoiselle de Puygarrig, je devrais dire la veuve de M. Alphonse, avait repris connaissance. Elle avait même parlé au procureur du roi[4] de Perpignan, alors en tournée
950 à Ille, et ce magistrat avait reçu sa déposition[5]. Il me demanda la

---

Notes

1. **Valence** : port d'Espagne.
2. **braves** : de l'italien *bravi* ; assassins à gages, bandits.
3. **contiguë** : attenante à, proche de.

4. **procureur du roi** : magistrat, représentant de la justice.
5. **déposition** : déclaration faite sous la foi du serment.

mienne. Je lui dis ce que je savais, et ne lui cachai pas mes soupçons contre le muletier aragonais. Il ordonna qu'il fût arrêté sur-le-champ.

«Avez-vous appris quelque chose de madame Alphonse?» demandai-je au procureur du roi, lorsque ma déposition fut écrite et signée.

«Cette malheureuse jeune personne est devenue folle, me dit-il en souriant tristement. Folle! tout à fait folle. Voici ce qu'elle conte :

«Elle était couchée, dit-elle, depuis quelques minutes, les rideaux tirés[1], lorsque la porte de sa chambre s'ouvrit, et quelqu'un entra. Alors madame Alphonse était dans la ruelle[2] du lit, la figure tournée vers la muraille. Elle ne fit pas un mouvement, persuadée que c'était son mari. Au bout d'un instant, le lit cria comme s'il était chargé d'un poids énorme. Elle eut grand'peur, mais n'osa pas tourner la tête. Cinq minutes, dix minutes peut-être… elle ne peut se rendre compte du temps, se passèrent de la sorte. Puis elle fit un mouvement involontaire, ou bien la personne qui était dans le lit en fit un, et elle sentit le contact de quelque chose de froid comme la glace, ce sont ses expressions. Elle s'enfonça dans la ruelle, tremblant de tous ses membres. Peu après, la porte s'ouvrit une seconde fois, et quelqu'un entra, qui dit : "Bonsoir, ma petite femme." Bientôt après on tira les rideaux. Elle entendit un cri étouffé. La personne qui était dans le lit, à côté d'elle, se leva sur son séant[3] et parut étendre les bras en avant. Elle tourna la tête alors… et vit, dit-elle, son mari à genoux auprès du lit, la tête à la hauteur de l'oreiller, entre les bras d'une espèce de géant verdâtre qui l'étreignait avec force. Elle dit, et m'a répété vingt fois, pauvre femme!… elle dit qu'elle a reconnu… devinez-vous? La Vénus de bronze, la sta-

1. **rideaux tirés** : ce sont les rideaux du lit.
2. **ruelle** : espace laissé entre le lit et le mur. Cela signifie que Mme Alphonse est couchée sur le côté du lit qui donne sur la ruelle.
3. **se leva sur son séant** : passa de la position allongée à la position assise.

La Vénus d'Ille de Prosper Mérimée | 83

tue de M. de Peyrehorade… Depuis qu'elle est dans le pays, tout le monde en rêve. Mais je reprends le récit de la malheureuse folle. À ce spectacle, elle perdit connaissance, et probablement depuis quelques instants elle avait perdu la raison. Elle ne peut en aucune façon dire combien de temps elle demeura évanouie. Revenue à elle, elle revit le fantôme, ou la statue, comme elle dit toujours, immobile, les jambes et le bas du corps dans le lit, le buste et les bras étendus en avant, et entre ses bras son mari, sans mouvement. Un coq chanta. Alors la statue sortit du lit, laissa tomber le cadavre et sortit. Madame Alphonse se pendit à la sonnette, et vous savez le reste. »

On amena l'Espagnol ; il était calme, et se défendit avec beaucoup de sang-froid et de présence d'esprit. Du reste, il ne nia pas le propos que j'avais entendu ; mais il l'expliquait, prétendant qu'il n'avait voulu dire autre chose, sinon que le lendemain, reposé qu'il serait, il aurait gagné une partie de paume à son vainqueur. Je me rappelle qu'il ajouta :

« Un Aragonais, lorsqu'il est outragé, n'attend pas au lendemain pour se venger. Si j'avais cru que M. Alphonse eût voulu m'insulter, je lui aurais sur-le-champ donné de mon couteau dans le ventre. »

On compara ses souliers avec les empreintes de pas dans le jardin ; ses souliers étaient beaucoup plus grands.

Enfin l'hôtelier chez qui cet homme était logé assura qu'il avait passé toute la nuit à frotter et à médicamenter un de ses mulets qui était malade.

D'ailleurs cet Aragonais était un homme bien famé[1], fort connu dans le pays, où il venait tous les ans pour son commerce. On le relâcha donc en lui faisant des excuses.

J'oubliais la déposition d'un domestique qui le dernier avait vu M. Alphonse vivant. C'était au moment qu'il allait monter chez sa femme, et, appelant cet homme, il lui demanda d'un air

---

Note

1. **bien famé :** de bonne réputation.

84 | *La Vénus d'Ille* de Prosper Mérimée

d'inquiétude s'il savait où j'étais. Le domestique répondit qu'il ne m'avait point vu. Alors M. Alphonse fit un soupir et resta plus d'une minute sans parler, puis il dit : *Allons ! le diable l'aura emporté aussi !*

Je demandai à cet homme si M. Alphonse avait sa bague de diamants lorsqu'il lui parla. Le domestique hésita pour répondre ; enfin il dit qu'il ne le croyait pas, qu'il n'y avait fait au reste aucune attention. «S'il avait eu cette bague au doigt, ajouta-t-il en se reprenant, je l'aurais sans doute remarquée, car je croyais qu'il l'avait donnée à madame Alphonse.»

En questionnant cet homme je ressentis un peu de la terreur superstitieuse que la déposition de madame Alphonse avait répandue dans toute la maison. Le procureur du roi me regarda en souriant, et je me gardai bien d'insister.

Quelques heures après les funérailles de M. Alphonse, je me disposai à quitter Ille. La voiture de M. de Peyrehorade devait me conduire à Perpignan. Malgré son état de faiblesse, le pauvre vieillard voulut m'accompagner jusqu'à la porte de son jardin. Nous la traversâmes en silence, lui se traînant à peine, appuyé sur mon bras. Au moment de nous séparer, je jetai un dernier regard sur la Vénus. Je prévoyais bien que mon hôte, quoiqu'il ne partageât point les terreurs et les haines qu'elle inspirait à une partie de sa famille, voudrait se défaire d'un objet qui lui rappellerait sans cesse un malheur affreux. Mon intention était de l'engager à la placer dans un musée.

J'hésitais pour entrer en matière, quand M. de Peyrehorade tourna machinalement la tête du côté où il me voyait regarder fixement. Il aperçut la statue et aussitôt fondit en larmes. Je l'embrassai, et, sans oser lui dire un seul mot, je montai dans la voiture.

Depuis mon départ je n'ai point appris que quelque jour nouveau soit venu éclairer cette mystérieuse catastrophe.

M. de Peyrehorade mourut quelques mois après son fils. Par son testament il m'a légué ses manuscrits, que je publierai

La Vénus d'Ille de Prosper Mérimée | 85

Vénus anadyomène, musée du Vatican.

peut-être un jour. Je n'y ai point trouvé le mémoire relatif aux inscriptions de la Vénus.

P.-S. Mon ami M. de P. vient de m'écrire de Perpignan que la statue n'existe plus. Après la mort de son mari, le premier soin de madame de Peyrehorade fut de la faire fondre en cloche, et sous cette nouvelle forme elle sert à l'église d'Ille. Mais, ajoute M. de P., il semble qu'un mauvais sort poursuive ceux qui possèdent ce bronze. Depuis que cette cloche sonne à Ille, les vignes ont gelé deux fois.

Le meurtre d'Ille

Questions sur les pages 79 à 87

AVEZ-VOUS BIEN LU ?

1) Quelle est la première pensée du narrateur* qui a du mal à trouver le sommeil ?

* narrateur : celui qui raconte.

a) Les autres s'amusent et il se sent exclu.
b) Il trouve indigne qu'on livre une si belle jeune fille à un homme si grossier.
c) Il n'aime pas les mariages.

2) Quelle est la dernière personne à avoir vu Alphonse vivant ?
a) M. de Peyrehorade.
b) Le narrateur.
c) Un domestique.
d) Une servante.

3) À qui M. de Peyrehorade lègue-t-il le manuscrit relatif aux inscriptions de la Vénus ?

ÉTUDIER LE VOCABULAIRE ET LA GRAMMAIRE

4) Lignes 848-849 : «*la plus honnête fille du monde livrée au Minotaure !*» Cherchez la signification du Minotaure et dites quelle image de la jeune mariée donne cette expression.

5) Lignes 892 à 911 : relevez les termes qui décrivent le visage et le corps d'Alphonse mort. À quel autre personnage ramènent-ils insensiblement le lecteur ?

88 | *La Vénus d'Ille* de Prosper Mérimée

ÉTUDIER LE DISCOURS

6 Quel est le sens naturellement privilégié par le narrateur, pendant la nuit, pour appréhender la réalité ?

7 Les bruits de la nuit : relevez tous les pronoms, adverbes, verbes qui traduisent les sentiments, les suppositions ou le jugement du narrateur pendant sa nuit d'insomnie.

8 Quel est le sens naturellement privilégié par le narrateur pour mener son enquête ?

9 L'enquête « policière » : relevez les formes verbales au conditionnel. En quoi la valeur de ce mode contribue-t-elle à caractériser cette fois encore la démarche du narrateur ?

10 Qui rapporte le récit de la jeune veuve ? à quel destinataire ?

11 Ligne 958 : *« Folle ! tout à fait folle. »* En tenant compte de sa réserve face au procureur (l. 1026 : *« et je me gardai bien d'insister »*), pensez-vous que le narrateur partage totalement l'avis du procureur ? et le lecteur ?

ÉTUDIER LA NOUVELLE FANTASTIQUE

12 Quels sont les détails relatés par le narrateur qui se voient confirmés par le récit de la jeune veuve ?

13 Indiquez ce qui permet d'innocenter l'Aragonais et relevez les indices qui auraient permis de croire à sa culpabilité. Cette interprétation était-elle satisfaisante ?

14 Relevez les indices qui tendent à faire de la statue la seule coupable du meurtre.

15 En quoi cette explication surnaturelle est-elle parfaitement cohérente et convaincante ?

16 Le lecteur peut-il véritablement choisir entre les deux explications ?

ÉTUDIER UN THÈME : LA STATUE

17 Relevez les expressions que le narrateur emploie au sujet de la statue.
a) Son regard sur la statue a-t-il changé ?
b) Quel conseil allait-il donner à M. de Peyrehorade avant de quitter Ille ?

18 Quelle est l'ultime transformation de la statue ?
a) Avait-elle déjà été évoquée ?
b) En quelles occasions ?

19 Quel adjectif qualifiait l'olivier près duquel avait été trouvée la statue ? Que nous dit la dernière phrase de la nouvelle ?

20 Le lecteur a-t-il l'impression que la nouvelle est réellement terminée ?

21 « *La Vénus d'Ille n'a jamais existé* » (Prosper Mérimée, lettre du 11 novembre 1847). Est-ce le sentiment du lecteur ?

ÉTUDIER LA FONCTION DE L'EXTRAIT

22 Le dénouement apporte-t-il une réponse à toutes les questions que le lecteur peut se poser ?

23 Comment le narrateur laisse-t-il planer l'ambiguïté jusqu'à la fin ?

Retour sur l'œuvre

Activités autour de *La Vénus d'Ille*

QUATRE JOURNÉES QUI ONT COMPTÉ

1) Reliez les événements à la journée correspondante :

Première journée •

• La partie de jeu de paume entre Alphonse et l'Aragonais

Deuxième journée •

• L'enquête du narrateur après la mort d'Alphonse

Troisième journée •

• Une discussion savante sur une curieuse inscription

Quatrième journée •

• Des « polissons » jettent une pierre sur la statue de Vénus

PERSONNES ET PERSONNAGES

2) Complétez cette grille.

Horizontalement

I) Monsieur de Peyrehorade aime citer ce poète latin qui a écrit l'*Énéide*.

II) Célèbre sculpteur grec du Ve s. av. J.-C.

III) Prénom du jeune dandy de province.

IV) Nom de famille de la jeune veuve dont on ne connaîtra jamais le prénom.

V) Ce muletier n'aime pas perdre au jeu.

VI) Il reçoit la déposition de la jeune veuve.

Verticalement

1) Nom de famille de ce provincial qui choisit le vendredi pour marier son fils.

2) Parisien qui visite le Roussillon : il raconte l'histoire.

3) C'est la femme de Vulcain.

Questionnaire | 91

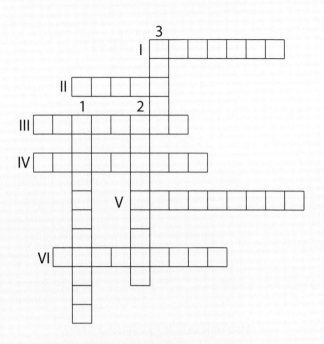

La Vénus

3 Vérifiez que rien ne vous a échappé sur elle en complétant les phrases suivantes :

a) On a trouvé la statue de Vénus dans la terre près d'....... ....

b) Monsieur de Peyrehorade veut lui sacrifier ....

c) La ...., la fleur qui symbolise la beauté et la pureté, lui est consacrée.

d) Déesse de l'amour, elle est apparentée chez les Grecs à ....

e) Le jour qui lui est consacré est le ....

La Vénus d'Ille de Prosper Mérimée

Dernières nouvelles en direct d'Ille

④ Un meurtre bien étrange.

La Gazette du Roussillon

«Voici les dernières informations que vient de nous communiquer notre correspondant sur place à Ille grâce à cette merveilleuse invention qu'est le sémaphore [système grâce auquel on peut communiquer par signaux optiques]. Ce matin, en effet, nous avons appris l'affreuse mort du jeune Alphonse de Peyrehorade la nuit même de ses noces.

Les circonstances du meurtre restent toujours bien mystérieuses aux dires du procureur du roi qui a pu recueillir la déposition de la jeune veuve. Celle-ci semble, depuis cette horrible nuit, avoir perdu la raison.»

Des problèmes de transmission ont fait disparaître certains mots de l'article qu'a adressé le correspondant de *La Gazette du Roussillon*. À vous de les retrouver.

«Après avoir été escortée dans la chambre préparée pour les époux vers ...., Madame Alphonse s'est couchée dans le lit nuptial dont les .... avaient été tirés. Quelques minutes plus tard, quelqu'un, qu'elle croyait être son ...., est entré dans la chambre, mais Madame Alphonse n'a pas pu le voir car elle était couchée sur le côté, dans la ...., le visage tourné vers le mur de la chambre. Après un certain temps, le lit s'est creusé comme sous l'effet d'un .... énorme. Un hôte de la maison a pu nous confirmer qu'il a bien entendu, à ce moment de la nuit, des pas lourds qui montaient .... Cet archéologue parisien en visite dans la région avait pensé qu'il s'agissait des pas du jeune marié, Monsieur ....

Très apeurée, celle qui était encore Mlle de Puygarrig la veille n'a pas osé se retourner. Peu après, toujours selon elle, la porte s'est ouverte une seconde fois et quelqu'un est entré en disant : "Bonsoir, ma petite ...."»

On a tiré les rideaux du lit, la personne qui se serait trouvée dans le lit se serait levée sur son .... Alors, tournant la tête, la jeune épouse a vu un monstre verdâtre puis a dit reconnaître la statue de .... en bronze découverte par le .... du marié. C'est elle qui aurait tué son mari et serait repartie à l'heure où le .... chanta. Toujours d'après notre témoin parisien, il pouvait être .... du matin et il a de nouveau entendu les mêmes pas .... qui descendaient l'escalier. »

QUESTIONNAIRE DE SYNTHÈSE

❺ Relisez la nouvelle et répondez par vrai ou faux. Attention aux pièges, et... bon courage !

a) Le Canigou est un fleuve qui traverse
les Pyrénées. ❑ Vrai ❑ Faux

b) Le narrateur est un Parisien spécialiste
d'antiquités. ❑ Vrai ❑ Faux

c) Le narrateur n'a pas de rôle dans l'histoire. ❑ Vrai ❑ Faux

d) La statue trouvée par M. de Peyrehorade
est appelée *« idole »* par les paysans d'Ille. ❑ Vrai ❑ Faux

e) La statue a été trouvée au pied d'un chêne gelé. ❑ Vrai ❑ Faux

f) La statue est en cuivre. ❑ Vrai ❑ Faux

g) Alphonse a vingt-six ans à la veille de
son mariage. ❑ Vrai ❑ Faux

h) Le mariage d'Alphonse avec Mlle de Puygarrig
n'est pas un mariage de convenance. ❑ Vrai ❑ Faux

i) Le mariage a lieu un samedi. ❑ Vrai ❑ Faux

j) Vénus est la déesse romaine de la Vengeance. ❑ Vrai ❑ Faux

k) Myron est un grand sculpteur grec
du Ve siècle av. J.-C. ❑ Vrai ❑ Faux

94 | *La Vénus d'Ille* de Prosper Mérimée

l) Mlle de Puygarrig est comparée à la statue
de Vénus par M. de Peyrehorade.   ❏ Vrai ❏ Faux

m) Mlle de Puygarrig a été choisie pour sa beauté
et non pour sa dot.   ❏ Vrai ❏ Faux

n) *« Cave »* : cet impératif signifie « Prends garde »
en latin.   ❏ Vrai ❏ Faux

o) La bague qu'Alphonse destine à sa femme porte
une inscription : *« Jamais sans toi. »*   ❏ Vrai ❏ Faux

p) L'Aragonais est un muletier espagnol.   ❏ Vrai ❏ Faux

q) Il doit être six heures du matin lorsque
le coq chante.   ❏ Vrai ❏ Faux

r) C'est au narrateur que Mme Alphonse rapporte
les événements qu'elle a vécus la nuit du meurtre
de son mari.   ❏ Vrai ❏ Faux

s) C'est la dévote Mme de Peyrehorade qui décide
de faire fondre la statue en cloche pour l'église
de sa ville.   ❏ Vrai ❏ Faux

t) Mérimée a écrit cette nouvelle dans la première
moitié du XIXe siècle.   ❏ Vrai ❏ Faux

6 « Le récit fantastique est un récit qui se caractérise par : .... »
Complétez la définition en vous appuyant sur votre lecture de *La
Vénus d'Ille* et du dossier Bibliocollège.

Porte du Vésuve à Pompéi.

Dossier Bibliocollège

La Vénus d'Ille

1. L'essentiel sur l'œuvre 98
2. Structure de l'œuvre 99
3. Le XIXe siècle, siècle de révolutions
   - Une histoire politique mouvementée 101
   - Le siècle des historiens 102
   - Une vie littéraire très animée 103
   - L'art sans frontières 104
4. Genre : La nouvelle fantastique 105
5. Groupement de textes : Réalité ou fiction ? 109
6. Lecture d'images et histoire des Arts 119
7. Et par ailleurs... 121

① L'essentiel sur l'œuvre

Composée entre octobre 1835 et avril 1837, *La Vénus d'Ille* est publiée dans le numéro du **15 mai 1837** de la *Revue des Deux Mondes*.

Nommé inspecteur général des Monuments historiques le 27 mai 1834, Mérimée effectue sa première tournée d'inspection au cours de l'été. Ses ***Notes d'un voyage dans le Midi de la France***, à partir desquelles il écrit *La Vénus d'Ille*, sont publiées en 1835.

La Vénus d'Ille

La Vénus d'Ille est une **nouvelle fantastique** : le cadre initial est réaliste, mais la statue qui donne son nom à la nouvelle est à l'origine d'événements étranges qui peuvent recevoir **aussi bien une explication rationnelle qu'une explication irrationnelle**.

De toutes ses nouvelles, *La Vénus d'Ille* est celle que Prosper Mérimée préférait. Elle a aussi été perçue d'emblée par les lecteurs comme un **chef-d'œuvre**.

98 | *La Vénus d'Ille* de Prosper Mérimée

2 Structure de l'œuvre

Le déroulement des événements, dans une nouvelle fantastique, suit une progression logique jusqu'à la chute finale.

Étapes du schéma narratif	Dans *La Vénus d'Ille*
Situation initiale présente le cadre de l'histoire et les personnages	Le narrateur, archéologue, se rend chez M. de Peyrehorade, dont le fils, Alphonse, doit se marier le lendemain.
Élément perturbateur (ou déclencheur) permet le déroulement du récit en modifiant la situation initiale	Le narrateur apprend qu'on vient de découvrir une statue de Vénus d'époque romaine, en bronze, qui serait dotée d'un pouvoir maléfique.
Péripéties permettent au récit de progresser et mettent en œuvre le fantastique	• Le lendemain, le narrateur assiste à une partie de jeu de paume à laquelle participe M. Alphonse. Gêné par sa bague de diamants destinée à sa fiancée, ce dernier la passe au doigt de la statue. • M. Alphonse gagne la partie contre les muletiers espagnols qui promettent une revanche. • Au cours de la cérémonie de mariage, M. Alphonse se rend compte qu'il a oublié de reprendre la bague à la statue. • Au cours de la nuit, le narrateur perçoit des pas lourds dans l'escalier.
Élément de résolution clôt la série de péripéties en débouchant sur une conclusion logique ; cet événement a deux interprétations possibles : l'une rationnelle, l'autre non	• Au matin, on découvre le corps sans vie d'Alphonse. Sur le sol gît la bague de diamants. • Les soupçons se portent d'abord sur les muletiers espagnols. • Mais, selon le témoignage de Mme Alphonse, l'auteur du crime serait la statue de Vénus.
Situation finale établit un nouvel équilibre	• Quelques mois plus tard, M. de Peyrehorade meurt à son tour. • La statue est fondue pour devenir une cloche d'église. Depuis sa mise en service, les vignes ont gelé deux fois.

Dossier Bibliocollège | 99

Louis Napoléon Bonaparte (Napoléon III)
par Prosper Mérimée.

3) Le XIXᵉ siècle, siècle de révolutions

1815-1830 : monarchie

Après la défaite de Waterloo et la chute de Napoléon Iᵉʳ, la monarchie est restaurée : l'autorité de **Louis XVIII** puis de **Charles X** est limitée par une charte et une Assemblée élue. En 1830, Charles X dissout l'Assemblée et supprime la liberté de la presse. Le peuple de Paris se soulève lors des **Trois Glorieuses** (29, 30 et 31 juillet 1830).

1830-1848 : monarchie

Louis-Philippe succède à Charles X. Sous son règne débute la révolution industrielle : mines, textile, transports sont en plein essor. Une nouvelle classe sociale naît : les ouvriers. La classe ouvrière est très réceptive aux idées socialistes, qui prônent le partage des richesses et l'égalité politique. La **révolution de 1848**, qui éclate à la suite de difficultés économiques, fait écho à ces changements sociaux.

UNE HISTOIRE POLITIQUE MOUVEMENTÉE

1848-1851 : IIᵉ République

La IIᵉ République permet la **conquête de nouveaux droits** : suffrage universel (pour les hommes), droit au travail, liberté de la presse, abolition de l'esclavage. Mais ces **libertés** sont **menacées par la nouvelle Constitution**.

1852-1870 : Second Empire

Élu président pour quatre ans en décembre 1848, Louis Napoléon Bonaparte, neveu de Napoléon Iᵉʳ, devient président à vie lors du **coup d'État** du 2 décembre 1851, puis empereur l'année suivante. Les premières années du Second Empire sont économiquement prospères. Mais la **défaite de Sedan** contre la Prusse, en 1870, met fin à l'Empire.

Dossier Bibliocollège | 101

LE XIXᵉ SIÈCLE, SIÈCLE DE RÉVOLUTIONS

Repenser l'histoire de France

Après la Révolution française, la nécessité de repenser l'histoire de France s'impose. À la longue suite de règnes, glorifiant les hauts faits d'armes, succède **une histoire des Français**, devenus les acteurs principaux de la marche de l'histoire, tournée vers le progrès.

Vers une société libérale

La jeune génération d'historiens, parmi lesquels Adolphe Thiers, François Guizot, Ludovic Vitet, défend, dans les colonnes du journal *Le Globe*, fondé en 1824, la nouvelle histoire et les principes d'une société libérale, capable de **continuer l'œuvre de la Révolution**.

LE SIÈCLE DES HISTORIENS

L'archéologie

L'archéologie connaît un grand essor au début du XIXᵉ siècle. La découverte de la signification des hiéroglyphes grâce à la **pierre de Rosette** par Champollion en 1822, l'intérêt suscité par les ruines antiques à l'occasion de la guerre d'Indépendance grecque (1825) ouvrent de nouvelles perspectives à la compréhension des **civilisations disparues**.

L'essor des musées

Pour mettre ce patrimoine historique et archéologique à la disposition de tous, s'ouvrent de nombreux musées, comme celui du **Louvre**, créé en 1793, sous la Révolution.

102 | *La Vénus d'Ille* de Prosper Mérimée

LE XIXᵉ SIÈCLE, SIÈCLE DE RÉVOLUTIONS

Le temps des salons

Au début du XIXᵉ siècle, les artistes se réunissent en **salons ou cénacles** : le groupe romantique se retrouve à l'Arsenal, entre 1824 et 1834, chez Charles Nodier, un des premiers nouvellistes fantastiques, ou chez Victor Hugo.

Le temps des revues

Les revues, comme *La Revue de Paris* ou *La Revue des Deux Mondes*, dans lesquelles se côtoient écrivains, poètes, historiens, philosophes et économistes, permettent à de jeunes artistes de se faire connaître et illustrent la **vitalité des débats et de la création artistique**.

UNE VIE LITTÉRAIRE TRÈS ANIMÉE

Dîners entre amis

Des amitiés personnelles se nouent fréquemment entre artistes, scientifiques et hommes politiques qui **partagent les mêmes goûts et fréquentent les mêmes lieux** : cafés, dîners, dont certains, comme les dîners Bixio et les dîners Magny, sous le Second Empire, sont restés célèbres.

Les académies

Les institutions culturelles comme les académies (Académie française consacrée aux auteurs d'œuvres écrites, Académie des sciences, Académie des beaux-arts, etc.), dont les membres sont élus par leurs pairs, **consacrent les hommes** dont l'œuvre est jugée **illustre**.

Dossier Bibliocollège | 103

LE XIXᵉ SIÈCLE, SIÈCLE DE RÉVOLUTIONS

En Allemagne et en Angleterre

Au XIXᵉ siècle, **l'art et la littérature franchissent les frontières** :
les premiers romantiques sont allemands (Goethe) ou anglais (Byron) ;
le roman historique naît sous la plume de l'Écossais Walter Scott, la nouvelle fantastique sous celle de l'Allemand Hoffmann.

L'essor des traductions

La littérature circule aisément d'un pays à l'autre grâce à la traduction. Beaucoup d'écrivains cherchent à **faire connaître les œuvres** qu'ils admirent :
Nerval traduit de l'allemand *Faust* de Goethe, Mérimée traduit du russe le poète Pouchkine et Gogol, Baudelaire les *Nouvelles extraordinaires* de l'Américain Poe.

L'ART SANS FRONTIÈRES

Des voyages qui forment l'esprit

Les voyages constituent aussi, pour les écrivains et les peintres, une expérience formatrice qui les met au contact d'anciennes civilisations (Grèce, Égypte) ou **aiguise leur esprit critique** face aux réalités de leur propre pays (l'Orient, l'Espagne, l'Italie).

Des artistes aux multiples talents

Les artistes exercent souvent leur talent **dans différents domaines**. Les *Mémoires* du musicien Hector Berlioz et la *Correspondance* du peintre Eugène Delacroix témoignent du rôle majeur de l'écriture dans leur œuvre. Prosper Mérimée, le poète Alfred de Musset et la romancière George Sand, quant à eux, pratiquent couramment le dessin et la caricature.

104 | *La Vénus d'Ille* de Prosper Mérimée

4 La nouvelle fantastique

I – Le genre de la nouvelle

➡ Les origines de la nouvelle

La nouvelle est un genre littéraire narratif qui apparaît à la fin du Moyen Âge en France (XVe siècle). Premier recueil en langue française, *Les Cent Nouvelles nouvelles* mettent en scène trente-six narrateurs différents

> **À RETENIR**
> La nouvelle est un récit fictif qui s'inscrit dans l'actualité.

réunis à la cour du roi et qui, lors de la grande peste, racontent des histoires rapportées ou dont ils ont été les témoins. La nouvelle s'inscrit donc dans l'actualité et vise à distraire les auditeurs-lecteurs, sans visée morale obligée, contrairement au conte ou au fabliau.

➡ Les caractéristiques de la nouvelle

La nouvelle est un récit bref, dont la composition est, le plus souvent, chronologique et centrée sur une action principale, comportant peu de personnages, de descriptions et de dialogues. Elle possède donc une dynamique propre liée à ses moyens : la vitesse du récit valorise les effets dramatiques, jusqu'à la chute finale. De ses origines orales, la nouvelle a, en effet, conservé la nécessité de surprendre le lecteur. Ses effets tiennent davantage à ce qu'elle tait et laisse entendre qu'à ce qu'elle énonce clairement.

> **À RETENIR**
> La nouvelle est un récit bref, comportant peu de personnages et d'actions, terminée par une chute souvent surprenante.

➡ Presse et nouvelle au XIXe siècle

La multiplication des journaux, au XIXe siècle, grâce à la publicité qui permet d'en abaisser le prix, joue un rôle essentiel dans le développement du genre de la nouvelle : la presse est, en effet, grande consommatrice de ces récits, qui apportent un contrepoint fictif aux informations diffusées. La plupart des nouvellistes de l'époque – Balzac, Gautier,

> **À RETENIR**
> Au XIXe siècle, la nouvelle littéraire connaît un grand essor grâce au développement de la presse.

Dossier Bibliocollège | 105

LA NOUVELLE FANTASTIQUE

Maupassant et, bien sûr, Mérimée – ont donc publié leurs nouvelles dans la presse avant de les éditer en recueils.

II – Le réalisme

➾ L'esthétique réaliste

Au XIXe siècle, la nouvelle, comme le roman, veut rendre compte de la réalité sans porter de jugement et étudier les comportements humains en société. En raison de sa brièveté et de sa densité, elle permet de multiplier les études de cas, d'analyser la portée de faits dans des contextes précis, comme dans les nouvelles de Maupassant, de Zola, mais aussi de Mérimée (*Mateo Falcone, Carmen, Colomba*).

> **À RETENIR**
>
> La nouvelle réaliste rend compte du réel avec objectivité, sans porter de jugement.

➾ Le réalisme dans *La Vénus d'Ille*

La nouvelle de Mérimée comporte nombre de traits caractéristiques de l'esthétique réaliste.

L'ancrage historique	Les faits se déroulent dans les années contemporaines de l'écriture.
Le lieu de l'action	La petite ville d'Ille et les paysages pyrénéens contribuent à authentifier la véracité du récit.
La peinture de la société et des mœurs locales	La peinture de la famille Peyrehorade, l'évocation de la dot de la mariée, le récit de la noce et de la partie de jeu de paume participent à l'effet de réel.
Le statut du narrateur	Observateur, témoin, il exerce une profession scientifique (archéologue) garante de son objectivité.

106 | *La Vénus d'Ille* de Prosper Mérimée

III – Le fantastique

➡ L'héritage du roman noir

Parallèlement aux nouvelles réalistes se multiplient, dans la même période, les nouvelles fantastiques, qui apportent un autre éclairage sur la réalité. Elles prolongent et complexifient l'héritage du roman noir, né en Angleterre à la fin du XVIIIe siècle (*Frankenstein* de Mary Shelley), à l'origine du goût des lecteurs pour les créatures fantastiques et l'exploration des limites de l'humain et de la vie. Le souvenir des sombres années de la Terreur pendant la Révolution française a renforcé cette tendance de la littérature à fouiller les peurs les plus profondes de l'être humain. La nouvelle fantastique s'empare donc des motifs du roman noir dans un cadre plus resserré, travaillant sur l'effet à produire sur le lecteur en recourant à la suggestion plutôt qu'à la description.

> **À RETENIR**
> Comme le roman noir, dont elle est l'héritière, la nouvelle fantastique explore les limites de l'humain et de la vie.

➡ Les thèmes fantastiques

Le répertoire des motifs fantastiques s'enrichit. Pour produire l'effet de peur sur le lecteur, le récit fantastique introduit, dans un cadre réel rassurant, une perturbation majeure qui laisse imaginer l'existence d'une autre réalité, à caractère surnaturel : objets qui s'animent, comme la Vénus d'Ille refermant son doigt pour empêcher la restitution de la bague ; reflets disparus, comme dans *Le Horla* de Maupassant ; morts revenus à la vie, comme dans *Le Pied de momie* de Gautier ; créatures démoniaques. Le fantastique permet ainsi d'interroger les peurs les plus profondes de l'être humain : celle de sa mort ou de sa perte d'identité (que l'on retrouve dans le thème du double très présent dans *La Vénus d'Ille*), en les inscrivant dans des situations particulièrement violentes, comme en témoigne l'assassinat d'Alphonse.

> **À RETENIR**
> Le surnaturel surgit au milieu du quotidien le plus banal, sous des formes variées, pour susciter l'angoisse, la peur.

LA NOUVELLE FANTASTIQUE

➡ L'écriture du fantastique

Dans un récit fantastique, un événement peut s'expliquer de manière rationnelle ou irrationnelle. L'effet de peur résulte de l'emploi de certains traits d'écriture, que l'on peut repérer dans *La Vénus d'Ille*.

La composition du récit	Le surnaturel intervient de façon brutale dans l'univers quotidien (la statue prend vie).
	Le récit est semé d'indices de la présence de l'irrationnel (la statue est rendue responsable d'événements accidentels et du refus de rendre la bague).
Le narrateur et le point de vue	Le récit est écrit à la 1re personne (focalisation interne), par un témoin de l'histoire qui raconte les faits et les commente.
La double interprétation	Le narrateur, sceptique, rapporte les propos des autres personnages, qui, eux, sont convaincus de la responsabilité de la statue, et laisse ainsi l'interprétation du lecteur ouverte.

➡ Le réel mis en question

À RETENIR

Le récit fantastique conduit le lecteur à interroger le réel, ses limites, en mettant en doute ses propres perceptions : brouillant les pistes, faisant coexister deux univers contradictoires, sans pouvoir réduire cette contradiction, le récit conduit souvent les personnages qui en sont victimes non seulement à la peur, mais encore à la folie : l'hallucination ou le rêve apparaissent ainsi souvent comme une explication possible des phénomènes observés. Le fantastique serait donc essentiellement une question de perception, ce que l'écriture des nouvelles met particulièrement en évidence par l'emploi de la modalisation (conditionnel, exclamation, auxiliaires modaux…), expression du doute qui anime les témoins des faits.

Le récit fantastique apparaît comme l'envers du récit réaliste.

La Vénus d'Ille de Prosper Mérimée

5) Réalité ou illusion ?

L'art copie, interprète, dépasse la réalité, et trouble ainsi nos perceptions en rendant perméable la frontière entre le réel et l'illusion.

Pour le spectateur, les statues et les tableaux semblent prendre vie. Le modèle, imaginaire ou réel, mort ou vivant, acquiert un pouvoir extraordinaire : celui de faire croire à son existence réelle. Le spectateur, selon les époques, oscille entre doute, joie, inquiétude et peur.

Dans l'univers de la mythologie, la frontière entre réalité et illusion disparaît : le sculpteur Pygmalion crée une statue qui a les apparences de la vie, tout comme la Vénus d'Ille ; mais, ici, l'intervention de Vénus donne réalité aux apparences.

Face à la statue du Commandeur, qui incarne l'une de ses victimes, Don Juan adopte une attitude de défi, tandis que son serviteur Sganarelle cède à l'épouvante. Le motif de la statue meurtrière s'impose ici, sans laisser place au doute.

La puissance de suggestion du portrait est au cœur des récits fantastiques de Gogol et Poe. À la faveur de la nuit, les spectateurs, tout comme les habitants de la maison Peyrehorade, éprouvent inquiétude ou terreur, sans savoir s'ils sont victimes d'un phénomène surnaturel ou d'une illusion.

Dossier Bibliocollège | 109

GROUPEMENT DE TEXTES

1 Ovide, *Les Métamorphoses*

Au Iᵉʳ siècle ap. J.-C., le poète latin Ovide raconte, dans *Les Métamorphoses*, les légendes héritées de la mythologie grecque qui expliquent la raison d'être du monde. L'histoire du sculpteur Pygmalion, qui tomba amoureux de la statue qu'il avait créée et obtint de Vénus qu'elle lui donnât vie, illustre le pouvoir de l'art et de l'amour, capables de vaincre l'obstacle de la matière.

Cependant, grâce à une habileté merveilleuse, il réussit à sculpter dans l'ivoire blanc comme la neige un corps de femme d'une telle beauté que la nature n'en peut créer de semblable et il devint amoureux de son œuvre. C'est une vierge qui a toutes les apparences de la réalité : on dirait qu'elle est vivante et que, sans la pudeur qui la retient, elle voudrait se mouvoir ; tant l'art se dissimule à force d'art. Émerveillé, Pygmalion s'enflamme pour cette image ; souvent il approche ses mains du chef-d'œuvre pour s'assurer si c'est là de la chair ou de l'ivoire et il ne peut encore convenir[1] que ce soit de l'ivoire. Il donne des baisers à sa statue et il s'imagine qu'elle les rend ; il lui parle, il la serre dans ses bras ; il se figure que la chair cède au contact de ses doigts et il craint qu'il ne laisse une empreinte livide sur les membres qu'ils ont pressés ; tantôt il caresse la bien-aimée, tantôt il lui apporte ces cadeaux qui plaisent aux jeunes filles – des coquillages, des cailloux polis, de petits oiseaux, des fleurs de mille couleurs, des lis, des balles peintes, des larmes tombées de l'arbre des Héliades[2] – ; il la pare[3] aussi de beaux vêtements ; il met à ses doigts des pierres précieuses, à son cou de longs colliers ; à ses oreilles pendent des perles légères, sur sa poitrine des chaînettes. Tout lui sied[4] et, nue, elle ne semble

---

Notes

1. **convenir** : admettre, accepter.
2. **larmes tombées de l'arbre des Héliades** : perles d'ambre issues de la métamorphose des larmes versées par les sœurs de Phaéton, les Héliades,

métamorphosées en peupliers et en aulnes, à la mort de ce dernier.
3. **pare** : habille.
4. **sied** : va.

110 | *La Vénus d'Ille* de Prosper Mérimée

RÉALITÉ OU ILLUSION ?

pas moins belle. Il la couche sur des tapis teints de la pourpre de Sidon ; il l'appelle sa compagne de lit et il pose son cou incliné sur des coussins de plumes moelleuses, comme si elle pouvait y être sensible.

Le jour était venu où Chypre tout entière célébrait avec éclat la fête de Vénus [...]. Pygmalion, debout devant l'autel, dit d'une voix timide : «Ô dieux, si vous pouvez tout accorder, donnez-moi pour épouse, je vous en supplie (il n'ose pas dire : la vierge d'ivoire), une femme semblable à la vierge d'ivoire.» [...] De retour chez lui, l'artiste va vers la statue de la jeune fille ; penché sur le lit, il lui donne un baiser ; il croit sentir que ce corps est tiède. De nouveau il en approche sa bouche, tandis que ses mains tâtent la poitrine ; à ce contact, l'ivoire s'attendrit ; il perd sa dureté, il fléchit sous ses doigts ; il cède ; ainsi la cire de l'Hymette s'amollit au soleil ; ainsi, façonnée par le pouce, elle prend les formes les plus variées et se prête à de nouveaux services, à force de servir. L'amant reste saisi ; il hésite à se réjouir, il craint de se tromper ; sa main palpe et palpe encore l'objet de ses désirs ; c'était bien un corps vivant ; il sent des veines palpiter au contact de son pouce. Alors le héros de Paphos[1] adresse à Vénus de longues actions de grâce.

Ovide, Les Métamorphoses, extrait du livre X,
traduit du latin par Georges Lafaye, Gallimard, 1992.

Questions sur le texte ❶

A. Quels comportements de Pygmalion montrent qu'il considère la statue comme un être vivant ?

B. Comment la progression de la métamorphose est-elle rendue ? Citez le texte.

C. Pensez-vous que le sculpteur est victime d'une illusion ? Justifiez votre réponse.

Note
1. le héros de Paphos : Pygmalion.

Alexandre-Évariste Fragonard,
Don Juan et la statue du Commandeur (vers 1830-1835).

RÉALITÉ OU ILLUSION ?

2 Molière, *Dom Juan*

Parmi les comédies de Molière (1622-1673), *Dom Juan* (1665) tient une place particulière, car le personnage principal meurt au dénouement. Don Juan reçoit, en effet, la visite de la statue qui orne le tombeau du Commandeur qu'il a tué avant le début de la pièce et qui, au nom de la justice divine, vient réclamer son dû.

Acte IV, scène 7

DON JUAN, SGANARELLE, suite

[...]

DON JUAN. Qui peut frapper de cette sorte ?

SGANARELLE. Qui diable nous vient troubler dans notre repas ?

DON JUAN. Je veux souper en repos au moins, et qu'on ne laisse entrer personne.

SGANARELLE. Laissez-moi faire, je m'y en vais moi-même.

DON JUAN. Qu'est-ce donc ? Qu'y a-t-il ?

SGANARELLE, *baissant la tête comme a fait la statue.* Le… qui est là !

DON JUAN. Allons voir, et montrons que rien ne me saurait ébranler[1].

SGANARELLE. Ah ! pauvre Sganarelle, où te cacheras-tu ?

Acte IV, scène 8

DON JUAN, LA STATUE DU COMMANDEUR,
qui vient se mettre à table, SGANARELLE, suite

DON JUAN. Une chaise et un couvert, vite donc. *(À Sganarelle.)* Allons, mets-toi à table.

SGANARELLE. Monsieur, je n'ai plus de faim.

Note

1. ne me saurait ébranler : ne peut me troubler.

Dossier Bibliocollège | 113

GROUPEMENT DE TEXTES

DON JUAN. Mets-toi là, te dis-je. À boire. À la santé du Commandeur : je te la porte[1], Sganarelle. Qu'on lui donne du vin.

SGANARELLE. Monsieur, je n'ai pas soif.

DON JUAN. Bois, et chante ta chanson, pour régaler le Commandeur.

SGANARELLE. Je suis enrhumé, Monsieur.

DON JUAN. Il n'importe. Allons. Vous autres, venez, accompagnez sa voix.

LA STATUE. Don Juan, c'est assez. Je vous invite à venir demain souper avec moi. En aurez-vous le courage ?

DON JUAN. Oui, j'irai, accompagné du seul Sganarelle.

SGANARELLE. Je vous rends grâce ; il est demain jeûne pour moi.

DON JUAN, *à Sganarelle.* Prends ce flambeau.

LA STATUE. On n'a pas besoin de lumière, quand on est conduit par le Ciel.

Acte V, scène 6

LA STATUE, DON JUAN, SGANARELLE

LA STATUE. Arrêtez, Don Juan : vous m'avez hier donné parole de venir manger avec moi.

DON JUAN. Oui. Où faut-il aller ?

LA STATUE. Donnez-moi la main.

DON JUAN. La voilà.

LA STATUE. Don Juan, l'endurcissement au péché traîne une mort funeste[2], et les grâces du Ciel que l'on renvoie ouvrent un chemin à sa foudre.

Notes

1. **je te la porte :** je te souhaite une bonne santé.

2. **l'endurcissement au péché traîne une mort funeste :** l'obstination à commettre de mauvaises actions entraîne la mort.

114   *La Vénus d'Ille* de Prosper Mérimée

RÉALITÉ OU ILLUSION ?

DON JUAN. Ô Ciel ! que sens-je ? Un feu invisible me brûle, je n'en puis plus, et tout mon corps devient un brasier ardent. Ah !

Le tonnerre tombe avec un grand bruit et de grands éclairs sur Don Juan ; la terre s'ouvre et l'abîme ; et il sort de grands feux de l'endroit où il est tombé.

Molière, *Dom Juan*, extraits des dernières scènes des actes IV et V, 1665.

Questions sur le texte ❷

A. Quel effet l'apparition de la statue provoque-t-elle sur Don Juan ? et sur Sganarelle ?

B. Par qui la statue dit-elle être envoyée ?

C. L'apparition de cette statue relève-t-elle du merveilleux, du surnaturel ou du fantastique (*cf.* dossier, p. 105) ? Justifiez votre réponse.

❸ Nikolaï Gogol, « Le Portrait »

Nikolaï ou Nicolas Gogol (1809-1852) est un écrivain russe d'origine ukrainienne. La nouvelle fantastique « Le Portrait », écrite en 1835, témoigne de la fréquentation des milieux artistiques de Pétersbourg[1] par l'écrivain et des interrogations mystiques qui ne cesseront de le hanter tout au long de sa vie. Le narrateur de la nouvelle, un peintre, vient d'acquérir dans une brocante un vieux tableau représentant l'autoportrait de l'artiste. De retour chez lui, il est assailli d'impressions étranges.

Il revint vers le portrait, pour scruter ces deux yeux surprenants, et remarqua avec effroi qu'ils le regardaient. Cela, ce n'était plus une copie de la nature, c'était la vie étrange qui illuminerait le visage d'un cadavre ressorti de sa tombe. Était-

---

Note

1. **Pétersbourg** : Saint-Pétersbourg, capitale de l'Empire russe.

Dossier Bibliocollège | 115

ce la lumière de la lune, qui porte toujours le délire du songe et revêt toute chose d'images différentes, contraires au jour positif, ou la cause revenait-elle à quelque chose d'autre, le fait est que, soudain – il ne savait pas pourquoi –, il eut peur de rester seul dans sa chambre. Il s'éloigna doucement du portrait, lui tourna le dos et s'efforça de ne pas le regarder, et pourtant, malgré lui, son œil lui-même, jamais de face, lançait des regards vers lui. Finalement, il eut même peur de marcher dans la chambre ; il avait l'impression que, là, maintenant, il y avait quelqu'un qui marcherait derrière lui, et il n'arrêtait pas de se retourner timidement. Il n'avait jamais été peureux ; mais son imagination et ses nerfs étaient sensibles, et, ce soir-là, il fut incapable de s'expliquer cette peur instinctive. Il s'assit dans un coin, mais, même là, il avait l'impression qu'il y avait quelqu'un qui, là, d'une seconde à l'autre, allait se pencher par-dessus son épaule et le regarder droit dans les yeux. Même le ronflement de Nikita[1], qui résonnait depuis le vestibule, ne chassait pas sa peur. Au bout d'un certain temps, timidement, sans relever les yeux, il se redressa, alla derrière son paravent, et se coucha. À travers les interstices du paravent, il voyait sa chambre éclairée par la lune, et voyait droit devant lui le portrait accroché. Ses yeux s'y fixèrent d'une façon encore plus effrayante, encore plus insistante, et, semblait-il, ne voulaient plus rien regarder d'autre que lui. L'âme oppressée, il se résolut à se lever de son lit, saisit un drap et, s'approchant du portrait, le recouvrit totalement.

Nikolaï Gogol, « Le Portrait » (1835), in *Les Nouvelles de Pétersbourg*,
traduit du russe par André Markowicz, coll. « Babel »,
Actes Sud, 2007.

1. Nikita : prénom du serviteur du narrateur.

RÉALITÉ OU ILLUSION ?

Questions sur le texte ③

A. Quel phénomène étrange le narrateur observe-t-il ? De quelle nature est-il ?

B. Quelle émotion le narrateur éprouve-t-il ? Relevez les termes qui la désignent.

C. Quels comportements adopte-t-il successivement pour surmonter cette émotion ?

④ Edgar Allan Poe, « Le Portrait ovale »

Edgar Allan Poe (1809-1849) est un écrivain américain, qui fut d'abord connu en France grâce à la traduction de ses poèmes et de ses nouvelles par Charles Baudelaire. Son univers fantastique, souvent hanté par la mort, met en œuvre une logique implacable. Le narrateur du « Portrait ovale » passe la nuit dans un château abandonné. Sur l'un des murs de la chambre qu'il occupe est accroché un portrait.

Le portrait, je l'ai déjà dit, était celui d'une jeune fille. C'était une simple tête, avec des épaules, le tout dans ce style qu'on appelle, en langage technique, style de *vignette* ; beaucoup de la manière de Sully[1] dans ses têtes de prédilection[2]. Les bras, le sein, et même les bouts des cheveux rayonnants se fondaient insaisissablement dans l'ombre vague, mais profonde, qui servait de fond à l'ensemble. Le cadre était ovale, magnifiquement doré et guilloché[3] dans le goût moresque[4]. Comme œuvre d'art, on ne pouvait rien trouver de plus admirable que la peinture elle-même. Mais il se peut bien que ce ne fût ni l'exécution de l'œuvre, ni l'immortelle beauté de la physionomie qui m'impressionna si soudainement et si fortement. Encore moins

Notes

1. Thomas Sully (1783-1872) est un peintre américain, auteur de très nombreux portraits.
2. de prédilection : qu'il préférait peindre.

3. guilloché : orné de courbes gravées en creux et entrelacées.
4. goût moresque : caractéristique de l'art ornemental des Maures d'Espagne.

Dossier Bibliocollège | 117

GROUPEMENT DE TEXTES

devais-je croire que mon imagination, sortant d'un demi-sommeil, eût pris la tête pour celle d'une personne vivante. – Je vis tout d'abord que les détails du dessin, le style de vignette et l'aspect du cadre auraient immédiatement dissipé un pareil charme, et m'auraient préservé de toute illusion même momentanée. Tout en faisant ces réflexions, et très vivement, je restai, à demi étendu, à demi assis, une heure entière peut-être, les yeux rivés à ce portrait. À la longue, ayant découvert le vrai secret de son effet, je me laissai retomber sur le lit. J'avais deviné que le *charme* de la peinture était une expression vitale absolument adéquate à la vie elle-même, qui d'abord m'avait fait tressaillir, et finalement m'avait confondu, subjugué, épouvanté. Avec une terreur profonde et respectueuse, je replaçai le candélabre[1] dans sa position première.

Edgar Allan Poe, « Le Portrait ovale » (1842), in *Nouvelles Histoires extraordinaires*, traduit de l'américain par Charles Baudelaire, 1857.

Questions sur le texte ❹

A. Que représente le tableau ?

B. Quelle impression provoque-t-il sur le narrateur ? Citez le texte.

C. Comment le narrateur l'explique-t-il ? Est-ce une explication rationnelle ou non ?

Note

1. **candélabre** : chandelier.

118 | *La Vénus d'Ille* de Prosper Mérimée

6) Lecture d'images et histoire des Arts

1) Statue de femme en bronze, Ier siècle ap. J.-C.

Document 1
Statue provenant d'Herculanum, ville proche de Pompéi, musée de Naples.
Hauteur du bronze : 175 cm.

Cette statue de femme en bronze représente, à taille humaine, une danseuse. Elle provient d'une des villas d'Herculanum, détruite lors de l'éruption du Vésuve en 79 ap. J.-C. et dont les vestiges témoignent de l'art de vivre des Romains sous l'Empire. Contrairement aux statues grecques, les sculptures romaines représentent, la plupart du temps, les corps humains vêtus, sauf lorsqu'ils imitent les œuvres grecques.

Questions sur le document 1

A. À quoi reconnaissez-vous que cette statue est en bronze ? Quelle est la nature de ce matériau et quel effet produit-il sur le spectateur ?

B. Cherchez quelle technique était utilisée dans l'Antiquité pour réaliser de telles statues.

C. Que fait la danseuse ? Comment le mouvement du corps, de la robe, des cheveux est-il rendu ?

D. Observez les yeux : comment sont-ils mis en valeur ? quel effet produisent-ils ?

E. Quelles impressions la statue suscite-t-elle chez le spectateur ? Pourquoi ?

F. Quelles caractéristiques partage-t-elle avec la statue de Vénus dans la nouvelle de Mérimée ?

Dossier Bibliocollège | 119

LECTURE D'IMAGES ET HISTOIRE DES ARTS

2) *Le Désespéré*, Gustave Courbet, 1843-1845

Document 2
Autoportrait du peintre Gustave Courbet, 45 × 54 cm, musée d'Orsay, collection particulière.

Ce tableau, peint entre 1843 et 1845 par Gustave Courbet (1819-1877), est le plus célèbre de ses nombreux autoportraits de jeunesse. L'artiste s'est représenté dans un moment de crise, accentuant l'expression des émotions sur les traits du visage et dans l'attitude. Le choix du format « paysage » (plus large que haut), inhabituel pour un portrait, augmente la sensation d'écrasement qui s'en dégage.

Questions sur le document 2

A. Comment le visage de l'artiste est-il cadré ? Quel est l'effet produit ?

B. D'où la lumière provient-elle ? Qu'éclaire-t-elle ? Que laisse-t-elle dans l'ombre ?

C. Décrivez l'attitude et l'expression du personnage : quelles émotions traduisent-elles ?

D. Cette représentation vous semble-t-elle réaliste ? exagérée ? Justifiez votre réponse.

E. Quelle émotion ce portrait peut-il susciter chez le spectateur ? Pourquoi ?

F. De quel personnage de *La Vénus d'Ille* ce tableau pourrait-il être le portrait ? À quel moment du récit ? Expliquez votre choix.

8) Et par ailleurs...

Conjuguant études de mœurs locales dans la première moitié du XIXe siècle, archéologie et fantastique, le récit de *La Vénus d'Ille* offre une grande richesse, malgré sa brièveté.

L'ARCHÉOLOGIE : UNE SOURCE D'INSPIRATION

L'Antiquité égyptienne et romaine, en vogue au XIXe siècle, amateur d'objets d'art et de curiosités, a inspiré d'autres nouvellistes français, et notamment Théophile Gautier. Dans *Arria Marcella*, il fait revivre, sous les pas de son malheureux héros Octavien, l'antique cité de Pompéi avant l'éruption du Vésuve. Le héros du *Pied de momie*, quant à lui, tombe amoureux d'une jeune momie égyptienne, dont le pied lui sert de presse-papiers. Comme dans *La Vénus d'Ille*, le lecteur est laissé dans le doute : les héros sont-ils des rêveurs ou doivent-ils faire confiance à leurs sens ?

> « *Un livre qui ressemble à une causerie, grande chance qu'il soit un chef-d'œuvre.* »
>
> Paul Léautaud, *Journal littéraire*, 29 décembre 1906, à propos du style de Prosper Mérimée.

UNE GALERIE DE VÉNUS

Le Département des antiquités grecques, étrusques et romaines est l'un des plus anciens du musée du Louvre. Contemporain de la création du musée sous la Révolution, en 1793, il a hérité des collections royales et comporte plus de 300 œuvres : statues, bas-reliefs, vases et objets divers.

De célèbres statues de Vénus, d'origine grecque ou romaine, d'époques différentes et trouvées dans diverses régions du Bassin méditerranéen, peuvent être admirées lors de la visite des galeries ou sur le site du musée. Parmi elles se trouvent des statues de marbre :
– la *Vénus de Milo*, au musée depuis 1825 (voir page 122), et la *Vénus d'Arles*, découverte en 1851, toutes deux vêtues à mi-corps ;
– la *Vénus Génitrix*, réplique d'une statue grecque, entièrement drapée, imposante de majesté.

Les œuvres en bronze, parfois de petite taille, sont réunies dans la

Dossier Bibliocollège | 121

ET PAR AILLEURS...

même salle : vous y verrez une statuette de Vénus détachant sa sandale, toute en légèreté, et une *Aphrodite* [nom grec de Vénus] *pudique*, surprise à sa toilette, aux yeux incrustés d'argent. Découvertes en Syrie, ces deux statuettes témoignent de la pérennité du culte de la déesse dans tout l'Empire romain et de la virtuosité des artistes dans la représentation du corps féminin et dans l'art du jeu entre équilibre et déséquilibre.

La *Vénus de Milo*.

UN RÉCIT FILMÉ

La nouvelle de Mérimée a suscité des adaptations cinématographiques au début des années 1980 et 1990. Le téléfilm italien *La Venere d'Ille* de Mario et Lamberto Bava (1979), celui de Robert Réa (1980) et le court-métrage de Jacqueline Margueritte (1993) reprennent assez fidèlement le récit, tant sur le plan de la chronologie des événements que de celui de de l'alternance entre narration (prise en charge par le personnage de l'archéologue) et scènes. De ce fait, ces adaptations privilégient la littérature au détriment du cinéma. Toutefois, ces trois réalisations permettent de s'interroger sur la capacité du cinéma à représenter le fantastique propre à la nouvelle, notamment dans la scène de la mort d'Alphonse : la présence de la statue dans la chambre peut être explicite, comme dans le court-métrage de Jacqueline Margueritte, ou au contraire suggérée, comme dans la version italienne, par un jeu d'ombres à travers des voilages, qui semble directement inspiré de *La Belle et la Bête* de Jean Cocteau ; mais cette scène est toujours accompagnée d'une bande-son qui souligne la dramatisation du moment, parfois jusqu'au grotesque.

UNE VÉRITABLE ADAPTATION

L'adaptation la plus récente date de 2008 et est l'œuvre de jeunes amateurs, membres d'un atelier de pratique artistique cinéma-vidéo. L'originalité de leur adaptation est notamment due au fait qu'ils ont choisi de faire alterner deux modes de représentation distincts – le cinéma et le théâtre filmé – selon que l'action se déroule en extérieur ou en intérieur : le récit est servi par les décors naturels de la région pyrénéenne, la langue catalane utilisée pour les dialogues et la densité des scènes jouées. La nouvelle retrouve ainsi une certaine fraîcheur, même si le jeu des acteurs reste imparfait.

ARCHÉOLOGIE, CRIME ET FANTASTIQUE

Si mourir de peur, ou de folie, est souvent le sort réservé aux héros des nouvelles fantastiques, plus rares sont ceux qui portent les traces physiques d'une agression, comme Alphonse, étouffé par la statue selon sa fiancée. C'est aussi le cas dans *La Main d'écorché* de Guy de Maupassant, où le héros semble bien être une nouvelle victime d'un célèbre assassin, qui avait pourtant été exécuté au siècle précédent…

CONSEILS de LECTURE

- Pour découvrir d'autres nouvelles de Mérimée, qui ne relèvent pas toutes du fantastique : *La Vénus d'Ille et autres nouvelles*, « Librio », J'ai lu, 2013, ou *Mateo Falcone et autres nouvelles*, « Le Livre de Poche », L.G.F., 1995.
- Pour découvrir la nouvelle fantastique au XIXe siècle, en France et à l'étranger : *Contes fantastiques* de Guy de Maupassant, *Contes et Nouvelles* de Théophile Gautier, et bien sûr les *Contes fantastiques* de l'Allemand E. T. A. Hoffmann, maître du genre.
- Le XXe siècle n'a pas abandonné cette inspiration, comme en témoignent les œuvres de l'Italien Dino Buzzati (*Le K*, Pocket, 2004), de l'Argentin Julio Cortázar (*Les Armes secrètes*, « Folio », Gallimard, 1973), de l'Américain Stephen King ou de nombreux auteurs pour la jeunesse (Anthony Horowitz, J. K. Rowling…).
- Du fantastique à la science-fiction, il n'y a qu'un pas, que l'amour franchit aisément : ainsi, dans *La Nuit des temps* de René Barjavel (Pocket, 2012), le héros tombe amoureux d'une femme qui vécut il y a 900 000 ans.

Crédits photographiques :

p. 4 : © photothèque Hachette. **p. 5 :** lithographie d'Achille Devéria (1829), © photothèque Hachette. **pp. 6, 8 :** © photothèque Hachette. **pp. 9, 15 :** Sandro Botticelli, *La Naissance de Vénus* (détail), © photothèque Hachette. **p. 14 :** © J.-L. Charmet. **p. 24 :** Paris, Bibliothèque des Arts décoratifs, © photothèque Hachette. **p. 29 :** © photothèque Hachette. **pp. 40, 54 :** © Artephot. **pp. 59, 63, 72, 86, 96, 100 :** © photothèque Hachette. **p. 109 :** Étienne-Maurice Falconet, *Pygmalion et Galatée* (détail), © photothèque Hachette. **pp. 112, 122 :** © photothèque Hachette.

Conception graphique
Couverture : Stéphanie Benoit
Intérieur : GRAPH'in-folio

Édition
Fabrice Pinel

Mise en pages
APS

Achevé d'imprimer en Italie par Rotolito Lombarda
Dépôt légal : Janvier 2017 - Collection n° 63 - Edition 01
67/2091/5

Dans la même collection

ANONYMES
Ali Baba et les quarante voleurs (37)
Fabliaux du Moyen Âge (20)
Gilgamesh (83)
La Bible (15)
La Farce de Maître Pathelin (17)
Le Roman de Renart (10)
Tristan et Iseult (11)

ANTHOLOGIES
L'Autobiographie (38)
Dire l'amour,
de l'Antiquité à nos jours (91)
L'Héritage romain (42)
Poèmes 6e-5e (40)
Poèmes 4e-3e (46)
Textes de l'Antiquité (63)
Textes du Moyen Âge
et de la Renaissance (67)
Théâtre pour rire 6e-5e (52)

ALAIN-FOURNIER
Le Grand Meaulnes (77)

ANDERSEN
La Petite Sirène et autres
contes (27)

BALZAC
Le Colonel Chabert (43)
Eugénie Grandet (82)

BAUDELAIRE
Le Spleen de Paris (29)

CARROLL
Alice au pays des merveilles (74)

CHÂTEAUREYNAUD
Le Verger et autres nouvelles (58)

CHRÉTIEN DE TROYES
Lancelot ou le Chevalier
de la charrette (62)
Perceval ou le Conte du Graal (70)
Yvain ou le Chevalier au lion (41)

CHRISTIE
La mort n'est pas une fin (3)
Nouvelles policières (21)

CORNEILLE
Le Cid (2)

COURTELINE
Comédies (69)

DAUDET
Lettres de mon moulin (28)

DES MAZERY
La Vie tranchée (75)

DOYLE
Scandale en Bohême et autres
nouvelles (30)
Le Chien des Baskerville (49)

FLAUBERT
Un cœur simple (31)

GAUTIER
La Cafetière et autres contes
fantastiques (19)
Le Capitaine Fracasse (56)

GREENE
Le Troisième Homme (79)

GRIMM
Contes (44)

HOMÈRE
Odyssée (8)

HUGO
Claude Gueux (65)
Les Misérables (35)

JARRY
Ubu Roi (55)

LABICHE
Le Voyage de Monsieur Perrichon (50)

LA FONTAINE
Fables (9)

LEPRINCE DE BEAUMONT
La Belle et la Bête et autres contes (68)

Dans la même collection (suite et fin)

LÉRY
Voyage en terre de Brésil (26)

LONDON
L'Appel de la forêt (84)

MAUPASSANT
Boule de Suif (60)
Le Horla et six contes fantastiques (22)
Toine et autres contes (12)

MÉRIMÉE
La Vénus d'Ille (13)
Tamango (66)

MOLIÈRE
George Dandin (45)
L'Avare (16)
Le Bourgeois gentilhomme (33)
L'École des femmes (24)
Les Femmes savantes (18)
Les Fourberies de Scapin (1)
Les Précieuses ridicules (80)
Le Malade imaginaire (5)
Le Médecin malgré lui (7)
Le Médecin volant / L'Amour
médecin (76)

MONTESQUIEU
Lettres persanes (47)

MUSSET
Les Caprices de Marianne (85)

NÉMIROVSKY
Le Bal (57)

OBALDIA
Innocentines (59)

OLMI
Numéro Six (90)

PERRAULT
Contes (6)

POE
Le Chat noir et autres contes (34)
Le Scarabée d'or (53)

POPPE
Là-bas (89)

RABELAIS
Gargantua – Pantagruel (25)

RACINE
Andromaque (23)
Iphigénie (86)

RENARD
Poil de carotte (32)

SAGAN
Bonjour tristesse (88)

SAND
La Mare au diable (4)

SHAKESPEARE
Roméo et Juliette (71)

STENDHAL
Vanina Vanini (61)

STEVENSON
L'Île au trésor (48)

STOKER
Dracula (81)

VALLÈS
L'Enfant (64)

VERNE
Le Tour du monde en quatre-vingts
jours (73)
Un hivernage dans les glaces (51)

VILLIERS DE L'ISLE-ADAM
Contes cruels (54)

VOLTAIRE
Micromégas et autres contes (14)
Zadig ou la Destinée (72)

WILDE
Le Fantôme de Canterville (36)

ZOLA
Jacques Damour et autres
nouvelles (39)
Au bonheur des dames (78)

ZWEIG
Le Joueur d'échecs (87)